INVENTAIRE
F 30.611

Camus.

—

Des

effets du jugement déclaratif.

DES
EFFETS DU JUGEMENT DÉCLARATIF
DE FAILLITE

ET

DE LA CESSATION DE PAIEMENTS

Avec l'explication de la loi nouvelle du 12 février 1872 modifiant les art. 450 et 550 du Code de commerce)

PAR

Félix CAMUS

AVOCAT A LA COUR D'APPEL DE NANCY

Lauréat de la Faculté

Né à Rocroi (Ardennes)

———

NANCY

IMPRIMERIE DE N. COLLIN, RUE DE GUISE, 21

1872

Ce livre vaut bien peu, pourtant je le dédie
        A l'Avenir en qui j'ai foi,
Aux Miens, à mes Amis, à ma pauvre Patrie
        Qui d'un Germain subit la loi.

Si d'un peuple du Nord le sauvage génie
        Met encor tes fils en émoi,
France ! j'offrirai mieux : mon dévouement, ma vie
        Et tout mon sang seront pour toi.

F. CAMUS.

15 juin 1872.

DROIT FRANÇAIS

DES EFFETS DU JUGEMENT DÉCLARATIF

DE FAILLITE

ET

DE LA CESSATION DE PAIEMENTS

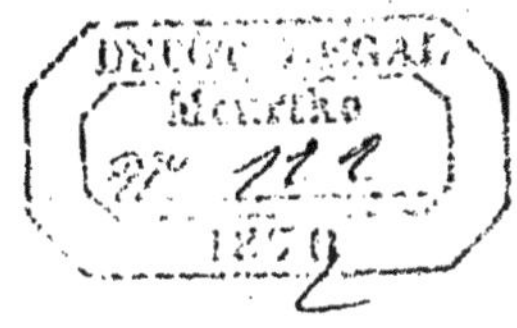

INTRODUCTION

Les législateurs en organisant le système des faillites ont eu pour but la protection des créanciers du commerçant failli; ils ont voulu leur assurer les débris de sa fortune et leur réserver ainsi exclusivement les restes d'un gage devenu désormais insuffisant par suite de ses mauvaises affaires.

Les dispositions contenues dans les art. 443 à 450 où sont exposés ce que le Code de commerce appelle *les effets de la déclaration de faillite*, tendent toutes au resultat que nous venons d'indiquer et réalisent d'ailleurs d'une manière satisfaisante les intentions qui ont présidé à leur rédaction.

On imagine en effet difficilement un ensemble de précautions plus complet que celui qu'elles forment, pour empêcher le failli de diminuer les dernières sûretés de ses créanciers,

1

de favoriser quelques-uns d'entre eux au détriment des autres et enfin d'augmenter son passif par de nouvelles dettes.

— Tout d'abord, du jour où intervient contre le commerçant le jugement déclaratif de faillite, la loi le dessaisit, c'est-à-dire qu'elle le dépouille de l'administration de son patrimoine ; elle la confie à des gérants spéciaux soigneusement choisis et agissant sous la surveillance d'un juge commissaire.

A partir de ce moment, le failli est impuissant à entamer ce qu'il a encore d'actif, par une dissipation maladroite ou intentionnelle, impuissant aussi à l'attribuer à certains créanciers par préférence à d'autres non moins favorables que les premiers et à porter ainsi atteinte à la situation d'égalité dans laquelle ils doivent tous se trouver désormais.

Il ne peut plus, en effet, du moins à l'égard de la masse des créanciers, aliéner ni à titre gratuit ni même à titre onéreux ; il ne peut plus payer valablement, ni prêter, ni emprunter, ni donner ses biens à bail, ni hypothéquer ses immeubles, il ne peut plus intenter une action ni répondre à une action, à moins qu'elle ne soit exclusivement attachée à sa personne, etc., etc. ; de telle sorte qu'on doit dire que tous les actes qu'il fait postérieurement à l'époque de son dessaisissement, à moins qu'ils n'aient trait exclusivement à sa personne ou à moins qu'ils ne soient purement conservatoires, ne sont pas opposables à la masse, au regard de laquelle ils sont nuls de plein droit.

De cet état d'incapacité, des raisons qui le justifient et de l'égalité qui règne entre les créanciers, la loi tire plusieurs conséquences.

Le failli ne pouvant plus payer, les voies d'exécution par lesquelles ses créanciers pourraient procéder contre lui deviennent superflues puisqu'elles ne peuvent aboutir à rien (à moins que les créanciers ne se soient réservés des sûretés spéciales), aussi la loi les suspend.

De même, une fois le failli dessaisi, il n'a plus aucun intérêt à réclamer le bénéfice du terme ; d'autre part il est naturel que les titulaires de créances même non encore exigibles participent aux opérations de la faillite puisqu'elles affectent le gage commun ; et, il est sage au point de vue de l'économie dans les frais de les laisser participer aux répartitions ; aussi la loi déclare-t-elle exigibles les dettes non échues du failli.

La cessation du cours des intérêts des créances contre le failli à partir du jugement déclaratif est encore le résultat du dessaisissement. Non-seulement, le failli est dès lors incapable de payer mais il faudra qu'un temps assez long s'écoule avant que les créanciers reçoivent des dividendes ; si les intérêts avaient continué de courir, ceux des fortes sommes auraient absorbé presque tout l'actif au préjudice des petits créanciers, tandis que la faillite doit rendre égale la position de tous ceux qui n'ont pas de cause de préférence.

— Mais le temps postérieur au jugement déclaratif n'est pas le seul où il puisse se commettre des fraudes et comme dans le temps qui suit la cessation des paiements ou qui la précède il a pu se passer des actes qui ont eu pour but soit d'avantager certains créanciers, soit de soustraire à la masse des valeurs qui doivent lui appartenir, la loi a tracé des règles sur les actes antérieurs au jugement qui déclare la faillite.

Parmi ces actes il y en a qui sont de telle nature qu'ils doivent être déclarés nuls rien que parce qu'ils sont postérieurs à la cessation des paiements ou qu'ils l'ont précédée de très-peu de temps, par exemple, de dix jours ; l'art. 446 les énumère. La donation, le paiement de dettes non-échues, la constitution d'une sûreté pour dettes antérieurement contractées et d'autres actes encore rentrent dans cette classe.

Il y a, au contraire, certains actes énumérés dans l'art. 447 qui n'impliquent pas par eux-mêmes une intention d'amoindrir l'actif ou de favoriser certains créanciers ; ceux-là ne seront pas forcément annulés si les créanciers réclament contre eux, mais le tribunal pourra cependant les invalider quand les tiers qui ont traité avec le débiteur avaient à cette époque connaissance de la cessation de paiements.

Par exemple, le paiement en espèces d'une dette échue, une aliénation à titre onéreux, ne sont pas des actes frauduleux par eux-mêmes, mais ils peuvent revêtir un caractère suspect quand ils ont été passés depuis la cessation de paiements avec des tiers qui avaient connaissance de cette cessation ; les juges seront les appréciateurs des faits et des circonstances.

— C'est encore en vertu de ces deux idées : dessaisissement du débiteur et fixation définitive du sort des créanciers, d'une part et entrave à la possibilité de fraude du fait du failli d'autre part, que la loi a pris les dispositions contenues dans l'art. 448 relativement aux inscriptions de privilége et hypothèques.

Ainsi, après le jugement déclaratif les priviléges et hypothèques soumis à l'inscription ne peuvent plus être inscrits, car du jour de ce jugement le sort des créanciers est irrévocablement fixé. Quant aux inscriptions prises après l'époque de la cessation de paiements ou dans les dix jours précédents, les juges peuvent en prononcer la nullité quand il s'est écoulé plus de quinze jours entre la date de l'acte constitutif de l'hypothèque ou du privilége et celle de l'inscription. Le législateur a ainsi pris ses mesures contre la collusion possible entre le débiteur et le créancier, collusion qui aurait eu pour but, en retardant à dessein l'inscription hypothécaire, de ménager au débiteur déjà en dessous de ses affaires un crédit apparent capable d'induire les tiers en erreur sur sa véritable position.

— Tel est l'ensemble du système de la loi. C'est ce système que nous allons étudier avec détails. Nous n'examinerons pas évidemment toutes les conséquences de l'état de faillite. Nous prendrons cet état à son début, au moment où le tribunal le constate judiciairement et nous déterminerons les effets de cette constatation.

Pour tracer d'une manière plus nette encore le cadre de notre sujet nous dirons qu'il se renfermera dans l'examen des art. 443 à 450 et dans l'étude de ce que la loi a entendu par ces mots : effets de la déclaration de faillite.

Nous supposerons connus deux éléments indispensables à la constitution de l'état de faillite, la profession commerciale (1) et la cessation des paiements.

Nous supposerons encore 1° que l'époque de la cessation des paiements est fixée d'une manière incontestable et définitive ; 2° que le jugement déclaratif est inattaquable.

Notre travail se divisera en trois chapitres. Le premier sera consacré aux effets du jugement déclaratif dans l'avenir ; et dans un appendice spécial nous examinerons son influence à l'égard de la personne et de la liberté du failli. Le second chapitre traitera des effets du jugement qui fixe la cessation des paiements (jugement qui est ou bien le jugement déclaratif lui-même ou bien son complément) dans le passé.

Enfin le troisième chapitre aura pour objet l'étude des nullités des inscriptions hypothécaires, théorie qui se rattache à la théorie plus générale des nullités en matière de faillite et que nous comprendrons d'autant mieux que nous l'aborderons aussitôt après avoir examiné cette dernière.

____

(1) En Angleterre, même les non commerçants sont susceptibles de faillite (bankruptcy) (loi du 6 août 1861).

CHAPITRE I.

EFFETS DU JUGEMENT DÉCLARATIF.

1ᵉʳ EFFET. — LE JUGEMENT DÉCLARATIF DE FAILLITE PRODUIT-IL LA FAILLITE ?

Controverse. — Son exposition. — Ses conséquences.

Au début de notre travail nous nous trouvons en face d'une difficulté.

Le jugement déclaratif produit-il la faillite ou bien résulte-t-elle de la seule cessation des paiements à l'existence de laquelle elle serait intimement liée ?

Le jugement déclaratif transforme-t-il, en un mot, du jour où il est rendu, la cessation des paiements en faillite ; ou ne fait-il que constater un fait prééxistant datant du jour même de cette cessation des paiements et auquel il vient simplement donner des effets plus étendus ?

Une première opinion décide que le jugement déclaratif ne crée rien, qu'il ne déclare qu'un fait indépendant de lui, fait qui peut porter indifféremment le nom de cessation des paiements ou de faillite, fait, enfin, dont il se sert pour fixer le report en arrière de l'ouverture de la faillite et auquel il vient rattacher, il est vrai, certaines conséquences nouvelles.

Cette doctrine peut se traduire ainsi : « le commerçant qui a cessé ses paiements est forcément et de plein droit en faillite simple et le jugement déclaratif intervenant ne fait qu'aggraver l'état de faillite dans lequel ce commerçant se trouve déjà. »

Elle a deux avantages. Elle est tout à fait conforme au texte de l'art. 437. al. 1 ; enfin législativement elle est meilleure que l'autre.

Sans doute avec elle, on aura beaucoup de peine à déterminer le sort des actes faits entre la cessation des paiements et la déclaration judiciaire, mais la règle contraire en supprimant ces difficultés, si elle eût été plus simple, aurait été certainement moins juste en faisant prédominer une législation de formules sur une législation d'équité.

Les partisans de cette théorie en prennent texte pour conclure que la faillite dérivant nécessairement de la cessation des paiements, c'est-à-dire d'un fait, un tribunal quelconque peut, sans s'occuper de savoir s'il y a eu constatation judiciaire de faillite par le tribunal de commerce, reconnaître ce fait e s'appuyer sur lui pour l'appliquer aux litiges ou aux délits (par exemple aux banqueroutes simples et frauduleuses) dont il se trouve valablement saisi.

Les tribunaux civils ou criminels ne pourraient prononcer un jugement déclaratif de faillite emportant l'ensemble des effets généraux attachés par la loi au jugement rendu par le tribunal de commerce, mais ils pourraient constater la faillite pour faire telle ou telle application de certaines de ses conséquences (1).

Une deuxième opinion ne peut admettre qu'il y ait dans le Code de commerce des états différents portant la même dénomination. Il n'y a, dit-elle, qu'une sorte de faillite et cette faillite n'est produite que par le jugement déclaratif ; jusque-là il pourra bien y avoir nullité des actes passés par le débiteur, mais il n'y a pas un état général d'incapacité d'établi, pas d'incapacité politique d'encourue, pas de procédure spéciale, pas de formalités particulières à remplir.

L'art. 437 ne doit pas nous détourner de cette décision, car

(1) Renouard. Faillites et banqueroutes, t. I., page 218. — Système adopté en principe par le code Hollandais. — Jurisprudence gén. jug. du tribunal de Bergerac 18 février 1845, confirmé par les cours de Bordeaux 6 mai 1848. — Cours de Rennes 17 mars 1849.

il n'a pour but que de dire aux tribunaux appelés à déclarer la faillite ce qu'ils doivent entendre par faillite ; alors la disposition de l'art. 437 se lie naturellement à celle de l'art. 440 et le tout s'explique de la manière suivante :

La faillite existe bien virtuellement du jour où a lieu la cessation des paiements, comme l'hypothèque judiciaire ou conventionnelle, par exemple, existe virtuellement du jour du jugement qui la constitue ; mais elle ne peut produire d'effet que du jour du jugement qui la déclare, de même que l'hypothèque judiciaire ou conventionnelle ne peut avoir d'effet que du jour où elle a été inscrite.

Ce second système concède, si l'on veut, que sous le code de 1808 il en était autrement, mais il prétend que depuis la loi de 1838 il est impossible de conserver les conséquences des règles de la législation abrogée, alors que l'expression : « ouverture de la faillite » employée si fréquemment sous l'empire de cette législation, est évitée si soigneusement dans la loi nouvelle ; qu'on y distingue si nettement la cessation des paiements et le jugement déclaratif (1), et alors surtout que certains effets, par exemple l'exigibilité des dettes, que l'ancien texte attachait à l'ouverture de la faillite, sont maintenant attachés au jugement déclaratif (2).

Les auteurs qui se rallient à ces idées admettent, en général, que ce jugement déclaratif ne peut être rendu que par les juges consulaires et que les tribunaux civils et criminels suivant les uns, civils seulement suivant les autres, ne peuvent empiéter sur la compétence des tribunaux de commerce ; ils s'appuient précisément sur ce qu'on ne peut faire qu'une chose, c'est déclarer la faillite avec toutes ses conséquences, mission qui est réservée sans distinction aux tribunaux de commerce, ou ne pas la déclarer du tout.

Nous nous rangeons de préférence à cette deuxième

(1) Comp., art. 448.
(2) Comp. ancien art. 448 et nouvel art. 441.

— 9 —

doctrine, car nous considérons comme arbitraire l'idée qu'il
peut y avoir deux sortes de faillite, l'une qui n'aurait que
certains effets et que pourraient prononcer les tribunaux civils
et les tribunaux criminels, l'autre, au contraire, qui produi-
rait tous les effets tracés et définis par le Code de commerce
et que le tribunal consulaire serait seul apte à reconnaître (1).

2° Effet. — Du Dessaisissement.

SECTION A.

Du dessaisissement considéré comme effet principal du jugement déclaratif de faillite.

A. Ce que c'est. — **B.** But du dessaisissement. — **C.** Ses caractères. —
D. Le failli n'est pas pour cela en interdiction légale. Conséquences. —
E. Date du dessaisissement.

A. — L'effet principal du jugement déclaratif est d'enlever
au failli l'administration de ses biens. C'est ce qu'on nomme
le dessaisissement.

B. — Le dessaisissement a un but multiple ; il a pour but :
1° d'empêcher le débiteur, en lui retirant l'administration de
son patrimoine, de diminuer son actif.

2° De lui ôter le moyen, en le frappant d'incapacité, d'augmenter son passif.

3° D'affecter l'ensemble des biens du failli, tel qu'il se comportait au jour du jugement déclaratif, au paiement du passif
tel aussi qu'il existait et était composé ce jour-là, en sorte

(1) Bravard annoté par Demangeat, *Traité de droit commercial*, t. V
p. 66. — Massé, *Le droit commercial* dans ses rapports avec le droit des
gens et le droit civil, t. II, n° 809. — Delamarre et Lepoitvin, *Traité de
droit commercial*, t. IV, p. 77.

que, à partir de ce moment, aucun créancier ne peut acquérir sur l'actif aucun droit de préférence, même en vertu d'un titre antérieur.

Cette affectation, disons-le en passant, est indépendante de l'inscription que mentionne l'article 490, al. 3 ; la meilleure preuve qu'on puisse en donner, outre le silence des articles 443 et 448, c'est que l'inscription ne peut être prise que sur les immeubles, tandis que l'affectation est générale.

La conséquence de toutes ces données est que : le failli ne peut plus contracter de nouvelles dettes opposables à la masse des créanciers antérieurs au jugement déclaratif; vis-à-vis d'eux, elles n'ont point d'existence.

De même il ne peut favoriser certains créanciers qu'il préfère, au détriment des autres.

Enfin il est dans l'impossible de dissiper au préjudice de la masse un patrimoine qui est devenu son gage exclusif, et dont elle est désormais nantie.

Pour atteindre ces résultats, il était vraiment inutile d'enlever au failli la propriété même de ses biens ; la précaution aurait été disproportionnée avec le danger, aussi la loi n'a-t-elle enlevé au failli que l'administration de sa fortune.

Le jugement déclaratif n'opère donc aucune transmission de propriété et n'entraîne après lui aucun droit de mutation ou de transcription (1).

C. — Voyons maintenant quels sont les caractères du dessaisissement. On peut les ramener à trois.

1° Il est *nécessaire*, il s'impose ; jamais le tribunal ne pourra déclarer un commerçant en faillite et dire qu'il ne sera pas dessaisi. Il est une suite virtuelle du jugement déclaratif dans le dispositif duquel il n'a pas besoin d'être prononcé.

2° Il a des effets *inévitables ;* et le juge n'a qu'à examiner si l'acte fait par le failli est postérieur au jugement déclaratif

_____

(1) Dalloz, *Jurisp. gén.* Faillite, 182. — Massé, t. II, n° 1182.

pour être contraint de décider qu'il est nul, au regard de la masse des créanciers.

3° Il est *général*, et cela à un triple point de vue. Il frappe *tous les biens*, même ceux qui peuvent advenir au failli pendant sa faillite (art. 443 *in fine*) (1).

Si donc, par exemple, des donations sont faites au failli, si des successions lui échoient depuis le jugement déclaratif, elles tombent dans la masse (mais, bien entendu, les syndics ne peuvent s'en emparer qu'en acquittant les charges qui les grèvent).

Il atteint *tous les actes* passés depuis le jugement déclaratif. La loi ne se préoccupe pas de la question de savoir si les tiers qui ont traité avec le failli depuis le jugement déclaratif, ont été ou non de bonne foi. Cela se comprend, car il s'agit ici d'une question de capacité et non d'une question de bonne foi. On ne relève pas un tiers qui a contracté avec un mineur ignorant l'incapacité de celui-ci. Pourquoi en serait-il autrement dans notre hypothèse ?

Toutefois le failli pourrait encore être obligé valablement, même vis-à-vis de la masse, par les actes passés avec des tiers de bonne foi par son mandataire, si ce mandataire et ces tiers ignoraient la faillite du mandant (Arg. des art. 2008 et 2009).

La raison de décider ainsi est que si le dessaisissement a enlevé au failli sa capacité, il ne l'a pas enlevée au mandataire, qui la conserve tant qu'il ne connaît pas la révocation de son mandat.

Enfin le dessaisissement neutralise les actes du failli, au profit de la masse *toute entière* des créanciers de la faillite.

Mais ces créanciers (ou plutôt les syndics en leur nom)

(1) Cette décision fut adoptée par la Chambre des députés à la suite de la lecture faite par M. Teste d'un arrêt de la Cour de Paris du 2 février 1833 et pour combattre cet arrêt qui affectait les biens acquis par le débiteur postérieurement au jugement déclaratif, non pas à la masse seule, mais à tous les créanciers, antérieurs ou postérieurs, sans distinction.

peuvent seuls se prévaloir de ce bénéfice, et ni le failli ni les tiers avec lesquels il a contracté ne sont admis à l'invoquer. L'article 445 nous le fait voir nettement par ces mots restrictifs : « Le jugement déclaratif arrête à *l'égard de la masse seulement.* »

— Nous venons de dire que le dessaisissement était général, en ce sens qu'il s'étendait sur toutes les valeurs qui appartiennent ou qui peuvent appartenir au failli.

Cette proposition souffre quelques restrictions. Il y a certaines valeurs déclarées insaisissables par la loi, que les créanciers n'ont jamais pu considérer comme leur gage et qui pour cette raison ne sont pas atteintes par le dessaisissement.

De ce nombre sont les rentes sur l'Etat appartenant au failli (Cassation, 8 mai 1854) (1).

La portion insaisissable des traitements ou pensions de retraite qui lui sont dus.

De même, suivant nous, les objets mobiliers déclarés insaisissables par les articles 581 et 592 du Code de procédure civile ; car, à nos yeux, il n'y a aucune bonne raison de distinguer entre ces objets et les rentes sur l'Etat touchant lesquelles tout le mode est d'accord, et pour dire que l'article 443 du Code de commerce en prononçant le dessaisissement a abrogé les dispositions du Code de procédure relatives aux choses insaisissables.

C'est en vain qu'on invoque contre nous l'art. 460, Code de com., car nous répondrons qu'il règle tout simplement la mise à exécution en matière de faillite des articles du Code de procédure, et que si l'intervention des syndics et du juge-commissaire est exigée, c'est pour donner à la masse une garantie sérieuse que parmi les valeurs mobilières, celles-là

____

(1) La Cour dit, en effet, que : le principe qui soustrait les rentes sur l'Etat à toute espèce de main-mise de la part des tiers, n'est pas modifié par l'état du propriétaire de la rente.

seulement seront laissées au failli que la loi a déclarées insaisissables (1).

— Mais l'article 582, C. de pr. civ. vient à propos de valeurs insaisissables créer une difficulté qu'il importe de résoudre.

Cet article 582 nous apprend que les valeurs disponibles données ou léguées avec la clause d'insaisissabilité, et les sommes ou pensions constituées pour aliments pourront être saisies par des créanciers postérieurs à l'acte de donation ou à l'ouverture du legs, avec la permission du juge et pour la portion qu'il détermine.

Pour étudier l'application de cet article 582 à notre matière, il faut supposer plusieurs hypothèses.

1° Quand la donation est faite ou que le legs s'ouvre *après* le jugement déclaratif il n'y aucune hésitation possible; la masse des créanciers du failli n'a pas pu compter sur des valeurs qui n'existaient pas au moment où chacun des créanciers qui la composent a traité avec le failli.

2° Quand la libéralité a été reçue *avant* le jugement déclaratif, il faut sous distinguer.

Les créanciers de la faillite sont-ils tous antérieurs à la libéralité ; alors ils n'ont pas pu compter sur elle, conséquemment le dessaisissement ne leur fera pas en ce qui la concerne, une situation spéciale.

Mais si les uns sont antérieurs et les autres postérieurs au jugement déclaratif, comment réglera-t-on les droits de chacun ?

Suivant nous, la question doit être résolue d'après ces deux principes : 1° à partir du jugement déclaratif de faillite, tous les créanciers sont en quelque sorte immobilisés dans l'état où ils se trouvaient à cette époque et il est impossible que l'un d'entre eux ait sur les autres d'autres causes de préférence que celles qui sont indiquées au chapitre VII 2° On ne peut

<hr>

(1) Demangeat sur Bravard, t. V, p. 72. — Alauzet, t. IV, n° 1663 et 1664. — Contra Renouard, t. I, p. 208, — Massé, t. II, n° 1184.

cependant déclarer anéanti le droit qu'avaient les créanciers postérieurs à la libéralité, de saisir dans la mesure que le juge détermine, des biens qu'ils ont vus entre les mains de celui avec lequel ils allaient contracter, et qu'ils ignoraient affectés des conditions qu'on leur oppose.

La solution sera donc celle-ci :

Ces droits des créanciers postérieurs subsistent toujours, mais ils ne subsistent pas exclusivement à leur profit, c'est la masse qui les recueille et elle les exercera dans la même limite qui aurait été imposée à ses créanciers.

Conséquemment, il n'est pas exact de dire, comme l'ont fait certains auteurs (1), qu'il y a véritablement ici *dessaisissement*, et que la masse aura *nécessairement* droit aux valeurs recueillies par le débiteur dans les circonstances que nous supposons.

La raison en est que la masse aurait une position plus avantageuse que celle qu'auraient pu espérer les créanciers postérieurs dont nous parlons, ce qui ne peut être ; elle l'aurait plus avantageuse, parce que tandis que les créanciers postérieurs à la libéralité ne peuvent saisir les objets dont s'agit qu'avec la permission du juge consulaire et pour une portion fixée par lui, la doctrine que nous combattons attribue ces mêmes objets à la masse *de plein droit et pour la totalité.*

En vain ceux qui soutiennent ce parti, prétendent-ils que l'article 443 se suffit à lui-même, et paralyse les dispositions du Code de procédure ; cette idée ne repose sur aucun fondement. Aussi les auteurs qui l'ont émise, n'osent aller jusqu'aux dernières conséquences de leur assertion, et au cas où la donation est postérieure au jugement déclaratif, ils admettent que la masse n'a pas droit aux valeurs données ou léguées sous clause d'insaisissabilité, et se condamnent ainsi eux-mêmes en retournant aux principes du Code de procédure civile (2).

(1) Renouard, t. 1., p. 299 et suiv. — Massé, t. II, n° 1185.
(2) Demangeat sur Bravard, t. V, p. 75.

D. — Le failli ainsi dessaisi a quelques points de ressemblance avec l'interdit, en ce sens que, comme ce dernier, il n'a plus l'administration de ses biens, mais il faut bien se garder de confondre ces deux situations : l'interdiction et le dessaisissement.

Le failli, en effet, ne peut opposer son état d'incapacité Il conserve la jouissance et l'administration des biens de ses enfants, et de ceux de sa femme (si toutefois cette dernière n'obtient pas séparation de biens. art. 1449. C. civil) ; mais les revenus entrant dans son actif sont soumis au dessaisissement en tant du moins qu'ils excèdent les besoins de la famille (1).

Il garde l'exercice de tous les droits qui découlent de la puissance paternelle et de la puissance maritale.

Il peut être tuteur, membre d'un conseil de famille.

Il peut ester en justice quand il s'agit d'un droit inhérent à sa personne.

Les solutions diamétralement opposées s'appliquent à l'interdit, et en voici la raison : c'est que l'interdit incapable en droit parce qu'il est présumé l'être en fait, est atteint d'une incapacité générale, protectrice pour lui.

Le failli au contraire, n'est inhabile qu'au regard des créanciers qu'on veut sauvegarder contre un commerçant qui a déjà compromis leurs intérêts, et qui, n'ayant rien perdu de son intelligence, est peut être fort capable de leur nuire encore.

— Suivant les mêmes idées, nous dirons que l'état de faillite d'un commerçant ne fait pas obstacle, à ce que, avec des moyens nouveaux d'industrie ou à l'aide de son travail personnel, il acquière de nouveaux biens.

La faillite, en effet n'est pas un état d'interdiction légale, mais un moyen pour les créanciers de conserver les biens qui forment l'actif de leur débiteur et leur gage ; de là il suit, qu'une fois que cet actif est en sûreté, les créanciers ne peu-

(1) Dalloz, Rep. de leg. V° 173 et 181.

vent se plaindre que des actes qui tendraient à porter atteinte à leurs légitimes espérances.

Les créanciers peuvent d'autant moins s'opposer à cela, en principe, que le dessaisissement porte aussi sur les bénéfices que le failli pourra retirer de son travail (art. 443 *in fine*) et *qu'ils en profiteront seuls.*

Ces derniers mots nous amènent à l'observation suivante : Il est bizarre de voir la loi autoriser d'une part le failli à contracter et de l'autre écarter les créanciers nouveaux, du concours sur les biens nouvellement acquis, mais c'est la loi (1).

. Mais les créanciers de la faillite devront, avant l'appréhension de ces valeurs provenant des nouvelles opérations du failli, tenir compte des fonds avancés par une tierce personne et à l'aide desquels le failli a pu réaliser des bénéfices. « *Bona non intelliguntur nisi deducto ære alieno.* »

Ainsi, en définitive, 1° il faudra déduire les sommes prêtées par des tiers pour l'aider dans son nouveau commerce. 2° Il faudra aussi laisser au failli les sommes nécessaires à son entretien, car avant tout, il faut qu'il vive (2).

Au reste, les syndics devront, dans l'intérêt de la masse, laisser une certaine latitude au failli qui se livrera ainsi à un commerce, ne pas le priver, par exemple, jour par jour du produit de ses labeurs, ne pas lui demander des comptes trop fréquents, car ils s'exposeraient à le décourager et à entraver les efforts qu'il fait pour rétablir sa fortune.

Nous croyons même qu'il faudra laisser au failli l'exercice des actions auxquelles son industrie peut donner lieu (par exemple, il pourra poursuivre ses nouveaux débiteurs), sauf, bien entendu, le droit pour les syndics d'intervenir dans l'instance.

---

(1) Dalloz, Rep. Jur. n° 195.

(2) Jurisp. de la Cour de cassation. — Renouard, t. I, p. 294, 298. — Bedarride, t. I, n° 84 bis. — Massé, I. II, n° 1197. — Alauzet, t. IV, n° 1465. — Bravard et Demangeat, t. V, p. 75, note.

Ce système a l'avantage d'être concordant avec le principe qu'on ne peut empêcher le failli de stipuler et d'acquérir après le jugement déclaratif des droits par des opérations nouvelles ; si, en effet, ce principe est juste, pourquoi ôter au failli le pouvoir de faire consacrer ces droits lorsqu'ils sont méconnus ou contestés ?

— Cette situation du failli qui a, au regard de la masse, dans son incapacité, une capacité si grande, est-elle anormale ? Point. Car le mineur autorisé à faire le commerce se trouve dans le même cas, et ici encore nous trouvons la consécration de cette idée que le droit de faire le commerce implique celui de plaider dans les procès qui peuvent surgir à l'occasion des actes commerciaux (1).

E. — Demandons-nous maintenant de quel jour le dessaisissement produit ses effets.

C'est du jour même du jugement déclaratif puisqu'il en résulte de plein droit.

L'art. 443 est impératif et absolu : (Arg. des mots : *à partir de sa date.*)

En vain l'on s'appuie pour soutenir qu'il ne produira ses effets que du jour de la publicité du jugement, sur l'art. 442 qui, dit-on, serait insignifiant, si la publicité qu'il établit et organise n'avait pas d'influence sur ces effets ; en vain l'on invoque la protection que la loi veut accorder aux tiers exposés à contracter avec le commerçant dont ils ne connaissent pas la faillite ; la solution contraire nous semble la seule acceptable.

Car 1° En ce qui concerne l'influence de la publicité ; ou l'on retardera les conséquences du jugement déclaratif jusqu'au jour de sa publication, ou une fois publié, il aura un effet rétroactif à partir de sa date ; or, tout d'abord, rien dans

(1) Cass. 21 février 1859 et 12 janv. 1864. Jurisprudence. — Bravard et Demangeat, t. V, p. 73. — Bédarride, t. I, n° 84 bis. — Contra Renouard, t. I, p. 297. — Massé, t. II, n° 1198.

la loi ne nous autorise à croire qu'elle a adopté le premier de ces partis, et au contraire, les dispositions qu'elle a prises tendent à nous éloigner d'une semblable idée.

Les effets de l'affiche et de l'insertion dans les journaux nous paraissent, en effet, tracés et limités dans l'art. 580 qui nous apprend que c'est à partir de l'accomplissement de ces mesures que courront les délais d'opposition au jugement déclaratif.

Il serait vraiment singulier de dire que le législateur qui nous a avertis spécialement que le point de départ de ces délais ne pourrait dater que du jour de la publication du jugement déclaratif et qui n'a point pris ce soin en ce qui concerne la situation si grave constituée par le dessaisissement, a cependant entendu que le dessaisissement, lui aussi, ne daterait que du jour de cette publication.

Ce serait là une étrange prétention en face des termes si énergiques de l'art. 443.

D'autre part, si l'on dit que le jugement, dès qu'il sera publié, rétroagira au jour de sa date quant au dessaisissement, on arrive à cette conséquence dérisoire, c'est qu'aucun délai n'étant fixé pour prendre les mesures de publicité de l'art. 442, à quelque époque qu'on y procède, fût-ce même vingt ans après le jugement, elles produiront un effet rétroactif à la date de ce jugement, tout comme si elles avaient été faites le lendemain du jour où il a été prononcé.

2° Quant à l'objection tirée du prétendu souci qu'a dû avoir la loi de protéger les tiers; nous ferons remarquer qu'elle tombe radicalement si l'on songe que le législateur préoccupé surtout des intérêts de la masse, s'est si peu attaché à ceux des tiers qu'il fait produire à l'encontre de ceux-ci, au jugement qui fixe la date de la cessation des paiements et alors qu'il exige la publication de ce jugement, des effets qui rétroagiront à une époque antérieure à celle où il a été rendu.

Puis nous avons dit que le failli est en véritable état d'incapacité; c'est une raison de plus de décider que le jugement déclaratif suffit et n'a pas besoin d'être connu, car on ne relève pas un tiers qui a contracté avec un incapable, ne sachant pas qu'il l'était, contre les conséquences de son erreur, même quand il aurait eu les meilleurs motifs de se tromper.

Enfin le rapprochement des art. 442 et 443 démontre une fois de plus que le législateur n'a pas voulu faire résulter le dessaisissement de la publicité qu'il ordonne, car à peine l'avait-il réglée qu'il employait à l'égard du jugement déclaratif ces termes expressifs :

« Le jugement déclaratif de la faillite emporte *de plein droit, à partir de sa date*, etc. », il ne dit pas : à partir de sa publication.

— La disposition du Code de 1808 d'après lequel le dessaisissement résultait de plein droit de l'état de faillite qui lui-même datait de la cessation des paiements (anciens art. 441 et 442) a été abrogée par le Code de 1838. Désormais le dessaisissement de fait et le dessaisissement de droit ont lieu à la même époque, à la date du jugement déclaratif.

C'est avec raison que la loi nouvelle a rejeté la règle de l'ancien Code. Il était ici peu rationnel et peu équitable.

Il était peu rationnel, car il ne rattachait pas l'effet à la cause, puisque, comme nous l'avons démontré plus haut, la cessation des paiements ne constitue pas seule et par elle-même l'état de faillite, mais qu'il faut pour cela un jugement qui la déclare.

Il était peu équitable en raison de la rétroactivité qu'il accordait au dessaisissement et maintes fois la jurisprudence avait reculé à l'idée de l'appliquer, pour ne pas frapper de nullité radicale tous les actes faits par le failli depuis la cessa-tion de ses paiements jusqu'au jour du jugement déclaratif.

Elle avait même été jusqu'à dire que les syndics pour se prévaloir de la rétroactivité du dessaisissement, devaient

____

(1) Grenoble 12 avril 1851. — Cassation déjà sous l'empire du code de 1808. — Demangeat sur Bravard, t. V, p. 79 note. — Contra Bravard, t. V, p. 79.

démontrer que les tiers avaient été de mauvaise foi et que la masse avait éprouvé un dommage.

Evidemment c'était faire à la loi des transformations qu'elle ne comportait pas ; mais il était difficile, en face de l'intérêt que méritaient ici les tiers, de ne pas faire fléchir en leur faveur la rigueur des principes.

— Ajoutons encore une observation sur le point de départ du dessaisissement ; il date du jour du jugement, c'est-à-dire de la première heure de ce jour, car les jugements n'indiquent pas l'heure où ils sont rendus

Il en résulte qu'il n'a pu être fait d'actes préjudiciables à la masse ce jour-là, ni par le failli qui aurait, par exemple, fait un paiement, ni par des tiers qui auraient fait, par exemple des saisies-arrêts (1).

SECTION B.

DU DESSAISISSEMENT CONSIDÉRÉ DANS LES CONSÉQUENCES QUE LA LOI EN TIRE.

3ᵉ EFFET DU JUGEMENT DÉCLARATIF. — MODIFICATION DANS L'EXERCICE DES ACTIONS.

A. Actions que le failli ne peut exercer ou qu'on ne peut plus exercer contre lui. — **B.** Actions qui restent attachées activement et passivement à sa personne.

La première conséquence du dessaisissement et en même temps le troisième effet du jugement déclaratif est la substitution des syndics au failli en ce qui concerne l'exercice des actions relatives à l'administration des biens.

(1) Jurisprudence unanime.

A.—Désormais, dit l'art. 443, « toute action mobilière ou immobilière ne pourra être intentée ou suivie que contre les syndics. »

Cet article ne vise expressément que le cas où le failli est défendeur, mais il ne s'ensuit pas qu'il n'en est pas ainsi au cas où il serait demandeur, seulement la première hypothèse est la seule pour laquelle le législateur ait cru nécessaire de s'expliquer ; le cas où le failli serait demandeur lui a paru, sans doute, suffisamment réglé par le principe général qui le déclare dessaisi de l'administration de ses biens.

Et puis l'on comprend que la loi se soit davantage occupée des actions passives qui sont les plus nombreuses au cas particulier, et se multiplient surtout à l'approche de la cessation des paiements et dans les premiers temps qui suivent le jugement déclaratif.

— Ce sont les syndics qui remplaceront dorénavant le failli, ils auront le droit et le devoir d'intenter les actions mobilières et immobilières qui lui appartenaient ; de même, c'est à eux qu'incombe le droit et le devoir de répondre à celles qu'on exercera en vertu d'un droit mobilier ou immobilier existant contre lui.

Cette affirmation n'est pas contestable, surtout en face de l'article 471 C. de Com., qui dit que le juge de paix devra remettre les effets de portefeuille à courte échéance aux syndics qui en feront le recouvrement.

B. — Mais il y a certaines actions civiles que le failli pourra seul intenter, ou contre lesquelles il pourra seul défendre, ce sont celles qui ne concernent pas l'administration de ses biens mais qui sont exclusivement attachées à sa personne. Le failli, en somme, n'est pas mis en tutelle, et l'on ne peut laisser les syndics exercer ses droits de famille ou d'homme, diriger à sa place ou malgré lui une action en séparation de corps, par exemple, ou répondre pour lui à une semblable action.

Le texte de l'article 443 est donc conforme à la nature des

choses, lorsque confirmant l'article 1166 du Code civil, il res
treint l'effet du dessaisissement aux actions mobilières et immobilières, c'est-à-dire aux actions relatives aux biens.

Mais il est très-dificile de tracer nettement la distinction
entre les actions personnelles et les autres ; essayons-le cependant.

On peut dire que chaque fois qu'une action exige quant à
son exercice une appréciation toute personnelle de celui qui
en est le titulaire, c'est une action attachée à la personne.

De ce nombre sont les actions en séparation de corps, en
adultère, en voie de fait, en diffamation, en nullité de mariage,
en contestation d'état. L'action en revendication d'une donation pour cause d'ingratitude rentre aussi dans cette classe,
cela n'est pas contestable quand c'est le failli qui est lui-même
la victime de l'ingratitude. C'est le donateur, l'offensé seul,
qui peut dire qu'il y a eu ingratitude et qui peut pardon-
ner (1).

Quand c'est le failli qui est l'auteur de l'ingratitude, nous
devons donner la même solution et dire que le failli seul aura
à défendre à l'action, car la révocation est une sorte de peine ;
mais le donateur fera bien de mettre les syndics en cause,
afin de pouvoir invoquer plus tard contre la masse le jugement de révocation.

D'ailleurs l'action ne pourra rejaillir contre cette masse que
si : 1° les faits d'ingratitude sont antérieurs à la déclaration
de faillite, car le failli ne peut diminuer le gage de ses créanciers par ses mauvaises actions : ingratitude ou délits ; 2° que
si la demande en révocation a été intentée avant le jugement
déclaratif et inscrite en marge de la transcription de la donation, si c'était une donation d'immeubles (art. 958 C. civil).

Il en est différemment de la révocation pour inexécution
des conditions et pour survenance d'enfants, ici l'action a

____

(1) Renouard, t. I, p. 312. — Dalloz, *Jurisp. gén.*, V° Faillite n° 205.

pour objet direct et principal un intérêt pécuniaire et repose sur un fait que tout le monde peut apprécier.

— Partant du principe que nous avons posé plus haut, et à titre d'application, nous dirons avec la jurisprudence (1) que le failli pourra exercer les actions concernant la réparation d'un dommage causé à lui-même et à sa famille, notamment qu'il pourra exercer l'action en indemnité qui lui est ouverte par l'expropriation des lieux qu'il détenait comme locataire,

Nous déciderons encore que c'est une action qui se rattache à la personne que celle qu'intente le failli contre un coassocié pour abus de confiance, quand il le fait en vue de rétablir son honneur et sa considération compromis par les détournements de ce coassocié (2).

On ne peut, en effet, ôter au failli le droit d'agir dans tous les cas où son honneur et sa considération se trouvent engagés.

— Mais dans le sens opposé nous admettons, toujours avec la jurisprudence (3), que l'action en séparation de biens sera intentée par la femme du failli contre les syndics de la faillite ; car, s'il est vrai que la séparation de biens modifie l'état de famille et les conditions de l'autorité maritale, elle est cependant plutôt relative aux biens, en ce sens qu'elle autorise l'exercice des reprises de la femme et qu'elle modifie profondément les pouvoirs du mari sur les biens de celle-ci.

Cependant le mari, en raison des restrictions apportées à son autorité, aura toujours la voie de la tierce opposition contre le jugement obtenu par la femme, à moins qu'elle n'ait eu le soin de le lier à l'instance en l'appelant en cause.

Quand c'est la femme commerçante qui est en faillite, les syndics de cette faillite ne pourront demander la séparation de biens du chef de la femme, l'art. 1446 du Code civil le

(1) Cass., 16 août 1852.
(2) Cass., 17 juin 1865.
(3) A..... rs, 11 mars 1842.

déclare positivement. Il en serait encore de même au cas où le mari, commerçant aussi, aurait de son côté le même sort que sa femme ; les syndics de la femme auront seulement le droit de venir exercer les droits de la femme sur l'actif laissé par le mari.

— Si les syndics ne peuvent intenter les actions attachées à la personne du failli, ils ont toujours le droit d'être présents à l'instance pour la surveillance et la conservation des intérêts de la masse, et on a décidé avec raison que les condamnations pécuniaires prononcées contre le failli hors de leur présence ne peuvent être opposables à cette masse.

— En dehors de ces actions dont l'exercice reste au failli, il est toute une classe d'actes qu'il peut faire sans conteste, nous voulons parler des actes conservatoires.

La loi, en effet, n'a pas voulu, en le dessaisissant, laisser à ses créanciers la faculté de compromettre ses droits par leur négligence, la loi a voulu tout simplement l'empêcher de dissiper son actif qui est leur gage ; or les actes conservatoires ne contrarient pas ce but, les créanciers ne peuvent se plaindre de les voir faire au failli. La jurisprudence a fait des applications nombreuses de ce principe.

Notamment il a été jugé : qu'un failli peut signifier un jugement rendu à son profit et faire ainsi courir les délais d'appel.

Qu'il peut agir en justice pour interrompre une prescription prête à s'accomplir.

Qu'il peut faire des actes conservatoires pour empêcher la péremption d'une instance, etc., etc.

— Au surplus, quand le failli introduit une instance conservatoire et qu'il ne s'agit pas d'un droit attaché à sa personne, il ne peut plus la suivre si les syndics veulent la continuer eux-mêmes ; il ne figurera plus, dès lors, dans l'instance que comme simple intervenant (1 .

(1) Dalloz, *Jurisp. gén.*, V° Faillite, n° 209.

— La loi parle aussi des actions déjà intentées. Elles doivent, après le jugement déclaratif, être poursuivies suivant la distinction que nous avons établie entre les actions relatives à la personne du failli et les autres, soit contre ou par ce failli, soit contre ou par ses syndics. (Arg. art. 443, al. 2.) (1).

4ᵉ EFFET. — SUSPENSION DES VOIES D'EXÉCUTION

A. Justification du principe. — **B.** Comment il est formulé dans la loi. — **C.** Créanciers qui n'y sont pas soumis. — **D.** Cas où le failli peut intervenir. — **E.** D'un créancier spécial qui se rencontre dans presque toutes les faillites, le propriétaire locateur. Loi du 12 février 1872.

A. — Un autre effet implicite du jugement déclaratif et à la fois une seconde conséquence du dessaisissement est la suspension des poursuites ou voies d'exécution pratiquées soit sur la personne soit sur les biens.

Nous parlerons dans une section spéciale de la suspension des voies d'exécution sur la personne; occupons-nous ici de la suspension des voies d'exécution sur les biens.

La disposition qui l'établit est facile à justifier en droit et en pratique.

En droit : car à partir du jugement déclaratif tous les biens du débiteur dessaisi sont affectés au paiement de son passif, chaque créancier recevra une quote-part de ces biens proportionnelle au montant de sa créance; dès-lors un créancier ne peut ni recevoir son paiement du débiteur ni se le procurer en faisant des actes d'expropriation.

En pratique : car l'administration de la faillite a été spécialement organisée dans le but de réaliser l'actif du failli avec économie et unité. Or si chaque créancier muni d'un titre exécutoire pouvait intenter des poursuites, il y aurait des tiraillements et des frais inutiles dans la réalisation de l'actif.

(1) Cass. req., 23 janvier 1866.

B. — Ce principe de la suspension des voies d'exécution de la part des créanciers, non seulement n'est formulé nulle part, mais encore semble contredit par l'alinéa 3 de l'art. 443, qui assimile toute voie d'exécution aux actions et permet d'y procéder pourvu que ce soit contre les syndics.

Malgré ce silence et cette opposition apparente de la loi, il est facile d'affirmer notre principe.

1° S'il n'est pas formellement exprimé, plusieurs textes s'y réfèrent néanmoins manifestement. Ainsi l'art. 527 nous dit que : par suite du jugement qui prononce la clôture des opérations de la faillite pour cause d'insuffisance de l'actif chaque créancier rentre dans l'exercice de ses actions individuelles.

De même l'art 539 dit que les créanciers rentrent dans l'exercice de leurs actions individuelles contre le failli dans le cas où il ne sera pas déclaré excusable.

De même encore, l'art. 571 dispose qu'à partir du jugement qui déclarera la faillite, les créanciers ne pourront poursuivre l'expropriation des immeubles sur lesquels ils n'auront pas d'hypothèques.

De ces articles il résulte déjà clairement que les titres exécutoires sont paralysés momentanément entre les mains des créanciers qui les ont.

2° Il nous faut maintenant expliquer l'art. 443 dans son alinéa 3. Il a deux défauts de rédaction : il est conçu en termes généraux quoique visant un cas particulier et il mentionne une exception sans avoir dit quelle était la règle générale. Voici ce qu'il a voulu dire :

Les créanciers ne peuvent, en règle, pratiquer des saisies sur les biens du failli; néanmoins cela est permis par exception à certains créanciers qui devront alors procéder contre les syndics et non contre le failli.

Mais ce n'est pas ainsi qu'il s'est exprimé. Il a dit : « Toute voie d'exécution tant sur les meubles que sur les immeubles sera suivie ou intentée contre les syndics. » Ce qui assimile absolument aux actions les voies d'exécution; or, cette assimilation, la loi n'a eu l'intention de la faire qu'en ce qui concerne les personnes contre lesquelles devraient agir les créanciers à qui elle permet d'exécuter.

O. — Mais quels sont ces créanciers? Ce sont ceux qui ont pris à l'avance leurs précautions contre l'insolvabilité et la faillite de leur débiteur et se sont fait donner un gage, une hypothèque ou ont acquis un privilége sans lesquels ils n'auraient point contracté.

Dans ce cas, leur situation ne peut plus être modifiée par la faillite de leur débiteur (Art. 508 C. de com.), cette faillite leur est étrangère, elle n'existe pas pour eux (1).

Les art. 450, 548, 551, 571 ne nous laissent aucun doute à cet égard.

Il est donc bien établi que le simple créancier chirographaire n'a pas le droit de commencer des poursuites; mais ne peut-il pas du moins continuer celles qu'il avait antérieurement commencées? Il ne le peut pas davantage, car il ne lui sera pas permis, une fois l'expropriation menée à fin, de toucher le prix de vente; il faudrait donc dire qu'il continuera dans l'intérêt de la masse; mais la masse, elle est représentée par les syndics qui doivent concentrer en leurs mains toute l'administration de la faillite et de ce chef doivent sommer le créancier de discontinuer les poursuites commencées (2).

— Cependant certains auteurs et la Cour d'Aix ont prétendu le contraire (3). Leur premier argument fondé sur les termes de l'art. 443 : « Toute poursuite devra être intentée ou suivie, »

---

(1) Nous verrons pourtant qu'elle a des effets relativement à l'inscription des priviléges et hypothèques.

(2) Demangeat et Bravard, t. V, p 133. — Renouard, t. I, p. 323. — Alauzet, t. IV, n⁰ˢ 1671 et 1888. — *Jurisp.*, Rouen 6 juin 1843, Paris 2 juin 1846. — Dalloz, et aussi la Cour de Paris font des restrictions pour la saisie immobilière. Ils se fondent sur les art. 571 et 572, mais ces articles peuvent très bien être expliqués autrement.

(3) Bédarride, t. I, n⁰ 87. — Dalloz, répertoire *Jurisp.* V⁰ Faillite, n⁰ 274. — Caen, 12 août 1861. — Rouen, 10 août 1862.

nous l'écarterons en nous appuyant sur la raison que nous avons déduite plus haut, que cet article ne vise qu'une exception; et d'ailleurs pour être conséquent il faudrait dire : même après le jugement déclaratif ces créanciers pourront *commencer* les poursuites, enfin il faudrait ne pas distinguer là où ne distingue pas la loi.

On a aussi essayé d'invoquer par analogie l'art. 572 portant que le créancier hypothécaire peut, après que les créanciers sont mis en union, continuer une poursuite qu'il ne serait plus en droit de commencer ; mais cette analogie n'existe pas, car dans l'article 572 il s'agit d'un créancier hypothécaire qui a intérêt à continuer les poursuites commencées, tandis que dans notre hypothèse, comme nous l'avons déjà établi, le chirographaire n'a pas cet intérêt puisqu'il ne peut pas toucher le prix de l'expropriation.

D. — L'article 443, en ôtant au failli l'exercice des actions et la défense aux voies d'exécution pour les conférer aux syndics n'a pas cependant voulu l'écarter absolument de toute participation aux débats où son intérêt est engagé ; au contraire, consacrant la jurisprudence qui existait sous le Code de 1808, elle lui permet, lorsque le tribunal le jugera convenable, d'intervenir au procès, que les syndics soient d'ailleurs demandeurs ou défendeurs.

Rationnellement on ne pouvait guère lui refuser ce droit, car parfois les intérêts du failli peuvent se trouver en opposition avec ceux de la masse dont les syndics sont les mandataires en même temps qu'ils sont ceux du failli. Cette double mission peut les placer souvent entre leur intérêt et leur devoir et il est bon que le failli qui, en somme, est resté propriétaire, ait la possibilité de présenter des moyens qui ne seraient peut-être pas employés par les syndics, soit par négligence, soit par ignorance, soit par calcul.

Cette intervention d'ailleurs n'a aucun danger puisqu'elle est subordonnée à l'autorisation du tribunal qui, à cet égard, a un pouvoir discrétionnaire et cela, aussi bien quand il s'agit d'une action concernant la propriété, que quand il s'agit d'une action relative à l'administration; la loi, en effet, n'a pas distingué (1).

C'est le failli lui-même qui formera sa demande en intervention, bien que la question en litige ne concerne pas la personne; nous trouvons là une exception au principe posé dans le second alinéa de l'art. 443; il pourra, de même, interjeter seul appel de la décision du tribunal si sa requête a été rejetée par lui. (2).

— Mais quand le failli n'a pas cherché à intervenir en première instance, sera-t-il recevable à intervenir en cause d'appel? Nous tenons l'affirmative.

On nous oppose les articles 446 et 474, C. de pr. civ. combinés, qui disent, l'un que :« en appel, aucune intervention ne sera reçue, si ce n'est de la part de ceux qui auraient droit de former tierce-opposition », l'autre que : « pour qu'une partie puisse la former, il faut un jugement qui préjudicie à ses droits et lors duquel ni elle, ni ceux qu'elle représente n'ont été appelés; » et l'on dit : le failli n'est point dans ces conditions puisqu'il a été représenté par les syndics

A cela nous répondrons que l'art. 443 parle d'une manière générale de tout tribunal devant lequel une procédure est engagée entre le syndic et un tiers, en remplaçant toute distinction par le pouvoir absolu qu'il laisse à ce tribunal d'être l'arbitre de l'admission de l'intervention ou de son rejet (3).

Enfin on peut ajouter encore que dans telles circonstances données le failli n'a pas été représenté suffisamment par les syndics, ce qui arrive notamment quand il y a contrariété entre ses intérêts et ceux de la masse; et qu'alors il ne serait

(1) Cass. 25 février 1857, — 25 février 1862.

(2) Le tribunal compétent pour apprécier la demande en intervention est celui devant lequel est engagée entre les syndics et le tiers l'instance dans laquelle le failli demande à intervenir.

(3) Demangeat sur Bravard, t. V, p. 139, note. — Renouard, t. I, p. 329, — Dalloz, *Jurisp. gén.*, V° Faillite.

4

pas rigoureux d'admettre qu'on dût repousser la demande en intervention du failli en cause d'appel, sous prétexte qu'il aurait été représenté en première instance.

— Lorsque le failli a été admis à intervenir dans une instance, il peut interjeter appel du jugement qui y a été rendu ; mais s'il n'y a pas été admis est-ce à dire qu'il sera obligé de supporter malgré tout une décision qui lui est préjudiciable ? Il est impossible de le prétendre pour toutes les hypothèses et spécialement pour le cas où les syndics ont colludé, car on ne peut dire sérieusement qu'une personne qui s'est arrangée de manière à me causer un préjudice, m'a représenté.

E. — Pour en finir avec les voies d'exécution, il nous reste à parler d'un créancier que nous rencontrons dans presque toutes les faillites ; le propriétaire des lieux où s'exerce le commerce du failli.

Le bailleur d'un immeuble est un créancier privilégié (art. 2102, al. 1). La loi affecte à sa créance par une espèce de nantissement tacite les effets mobiliers qui garnissent la maison louée. C'est donc un créancier nanti ; comme tel il est en dehors de la masse et il devrait, malgré le jugement déclaratif, conserver le droit d'exercer des poursuites sur les objets qui constituent son gage.

Ce droit, il l'avait autrefois sans restriction, mais il en résultait de graves inconvénients pratiques. Le plus souvent, en effet, la réalisation immédiate et en bloc de l'actif du failli avait pour la masse des effets désastreux, car le plus souvent il était de l'intérêt de tous les créanciers de cette masse, de continuer un certain temps l'exploitation du fonds de commerce, or cela devenait impossible quand le propriétaire qui pouvait saisir et faire vendre immédiatement les objets indispensables à cette exploitation, usait de son droit.

L'art. 450 du Code de com. avait déjà eu pour but de porter remède à cet état de choses. Tout en reconnaissant que le bailleur est en dehors de la masse et que c'est une raison pour lui d'échapper à la règle de la suspension des voies d'exécution, il n'avait pas voulu qu'il pût faire de son droit un usage abusif ; il avait donc suspendu ce droit (au moins en ce qui concernait l'exécution sur les meubles et effets servant à l'exploitation du fonds de commerce) pendant un délai de trente jours à partir du jugement déclaratif. Dans cet intervalle les syndics et le failli pouvaient aviser et se procurer de quoi désintéresser le bailleur, s'ils s'étaient résolus à la continuation de l'exploitation.

Le propriétaire, quand toutefois son bail n'était pas arrivé à son terme, auquel cas il pouvait toujours reprendre possession des lieux loués, n'avait donc pendant ces trente jours que le droit de prendre des mesures conservatoires.

Cet article 450 vient d'être transformé par la loi du 12 février 1872.

Pour donner aux syndics le temps d'examiner la situation et de reconnaître s'il est bon qu'ils continuent l'exploitation, la loi leur a accordé huit jours après l'expiration du délai de l'article 492 donné aux créanciers domiciliés en France pour la vérification de leurs créances pour faire la notification au propriétaire de l'intention où ils sont de continuer le bail à la charge de satisfaire à toutes les obligations du locataire.

« Jusqu'à l'expiration de ces huit jours, dit le nouvel art. 450, al. 2, toutes voies d'exécution sur les effets mobiliers du failli servant à l'exploitation du commerce ou de l'industrie du failli (1), et toutes actions en résiliation du bail seront supendues sans préjudice de toutes mesures conservatoires et du droit qui serait acquis au propriétaire de reprendre possession des lieux loués. Dans ce cas la suspension des voies d'exécution établie au présent article cessera de plein droit. »

Cette suspension des voies d'exécution était la conséquence logique du délai laissé aux créanciers pour prendre parti (2) ;

---

(1) Cette suspension ne s'applique donc pas au mobilier personnel du failli.

(2) La loi du 12 février 1872 a suspendu aussi pendant le même temps et pour les mêmes motifs l'action en résiliation du bailleur.

toutefois elle ne pouvait être absolue, et l'on ne pouvait empêcher le bailleur de procéder aux mesures conservatoires de son gage.

Enfin ces délais et cette suspension n'avaient plus de raison d'être lorsque le propriétaire avait le droit de reprendre possession des lieux loués ; la continuation du bail était, en effet, impossible. Nous adresserons une critique à la loi sur la manière dont elle s'est exprimée à cet égard. Les mots : « sans préjudice du droit qui serait acquis au propriétaire de reprendre possession des lieux loués » prêtent, en effet, à l'équivoque.

Ils se trouvaient déjà dans l'ancien article 450 et certains auteurs prétendaient en conclure que si le propriétaire avait demandé la résiliation antérieurement au jugement déclaratif, il aurait, le jugement de résiliation une fois rendu, et par l'effet rétroactif de ce jugement au jour de la demande, droit acquis dès cette demande à reprendre la possession des lieux loués.

Nous repoussons cette solution et pensons qu'il faut interpréter la phrase précitée, de cette façon : « sans préjudice du droit qui appartient au propriétaire quand le bail est terminé, etc. », car les demandes en résiliation ne tendent pas à faire reconnaître un droit préexistant, mais à créer un état nouveau dont les effets ne peuvent se produire qu'à la date de l'acte dont il résulte.

Il nous semble exagéré de conclure d'une phrase obscure à un tel renversement des principes.

Quoi qu'il en soit, la loi nouvelle eût bien fait de lever tous es doutes par une rédaction plus claire.

5ᵉ EFFET. — EXIGIBILITÉ DES DETTES

A. Du principe de l'exigibilité des dettes passives non échues. Son fondement. Sa portée quant aux dettes passives. Point de départ de l'exigibilité. — **B.** Conséquences notamment en matière de compensation. — **C.** Le jugement déclaratif rend-il exigible les dettes actives. — **D.** Cas où le failli a des codébiteurs solidaires, des cautions. — **E.** Cas spécial où l'un des signataires d'une lettre de change ou le souscripteur d'un billet à ordre est en faillite. — **F.** Application du principe de l'exigibilité des dettes à la dette du locataire, en ce qui concerne les loyers à échoir. (Loi du 12 février 1872.)

A. — Le jugement déclaratif rend exigibles à l'égard du failli les dettes passives non échues.

Ce principe est à la fois une conséquence du dessaisissement et l'application d'une idée générale en matière d'obligations.

Cette idée générale est fort bien développée par Pothier dans son traité des obligations, nᵒ 234. « Le terme accordé par le créancier au débiteur est censé avoir pour fondement la confiance en sa solvabilité ; lors donc que ce fondement vient à manquer, l'effet du terme cesse. De là il suit que, lorsque le débiteur a fait faillite et que le prix de ses biens est distribué entre les créanciers, le créancier peut toucher, quoique le terme de la dette ne soit pas expiré.

A cette donnée que le terme est désormais sans cause, se joint, disons-nous, un motif spécial à notre matière et qui est tiré de l'état de dessaisissement dans lequel se trouve le débiteur.

Ce débiteur n'a, en effet, aucun intérêt à réclamer le bénéfice du terme ; au contraire, son intérêt, comme celui de la masse, exige que tous les créanciers prennent part aux opérations de la faillite et aux répartitions.

D'ailleurs la liquidation de la faillite affectant le gage

commun de tous les créanciers, il est juste que tous y soient appelés.

Cette exigibilité tend donc à établir entre les créanciers, en les mettant tous sur la même ligne, une égalité qui facilitera la liquidation définitive. Au cas, en effet, où l'on eût été obligé de mettre les dividendes des créances à terme en réserve, on eût fait des frais inutiles et absolument sans profit pour personne, puisque cela n'aurait pas amélioré la position du failli.

— Cependant la crainte d'avoir ces frais à faire ne doit pas nous conduire à décider que le créancier conditionnel sera payé immédiatement.

Sans doute il pourra faire des actes conservatoires et prendre part aux opérations de la faillite (Comp. art. 1181), mais il ne touchera pas de dividende.

La raison en est simple, c'est que jusqu'au moment de l'arrivée de la condition, il n'y a pas de créance proprement dite, et on ne peut pas dire d'une dette qui n'aura peut-être jamais d'existence qu'elle est non échue.

Néanmoins, la condition peut s'accomplir, auquel cas, elle fait considérer la dette comme rétroactivement existante du jour du contrat; dès lors il importe que les droits du créancier conditionnel, soient assurés.

On peut atteindre ce but par trois moyens :

Ou bien on peut déposer le dividende à lui afférent à la caisse des dépôts et consignations pour lui être remis au moment de l'arrivée de la condition.

Ou bien on peut, comme nous l'indique Pothier, faire toucher provisoirement le montant de ce dividende par les créanciers non conditionnels, sous caution de restituer si la condition arrive.

Ou bien le faire toucher par le créancier conditionnel lui-même, mais sous caution de le restituer (et il sera juste qu'il en restitue aussi les intérêts) si la condition fait défaut.

— En résumé, après le jugement déclaratif et dans les rapports des créanciers avec la masse, il n'y a plus de créances;

elles se sont transformées en droits à un dividende fixe, invariable, et l'exigibilité est la conséquence forcée de cette conversion

Mais, bien entendu, cette transformation ne peut se concevoir qu'autant qu'il y a véritablement un droit de créance, et cela ne peut être dit rigoureusement dans le cas où le droit est subordonné à une condition suspensive.

Remarquons, du reste, que si le créancier à terme qui invoque le bénéfice de l'exigibilité est tenu lui-même d'une obligation corrélative envers le failli, que si, en un mot, sa créance n'est que l'une des obligations d'un contrat synallagmatique qui a pour contrepartie une obligation de sa part, non encore exécutée, il ne pourra refuser d'acquitter son propre engagement en disant qu'il a un terme, et réclamer immédiatement l'exécution de l'obligation de celui avec lequel il a contracté en disant que le terme est éteint, en se fondant en un mot sur l'exigibilité (1).

— L'exigibilité s'étend à toutes les dettes du failli, civiles ou commerciales, la loi n'a pas distingué et la jurisprudence est unanime en ce sens.

Mais le principe de l'exigibilité s'applique-t-il aux créances hypothécaires et privilégiées comme aux créances chirographaires?

La jurisprudence a décidé dans deux arrêts, l'un de la Cour de Bordeaux du 4 juin 1832, l'autre de la Cour d'Angers du 15 mai 1861, dans le sens de l'affirmative (2).

Voici le résumé des considérants de l'arrêt de la Cour d'Angers qui est le mieux motivé.

« Attendu que l'art. 444 C. com. n'est que le rappel des dispositions de l'art. 1188 C. civil ; que dans ce dernier article le débiteur en faillite est assimilé au débiteur en déconfiture, ce qui ne permet pas de lui faire une situation différente de celle de ce dernier.

(1) Bordeaux, arrêt de 1840.
(2) Voir aussi : Agen, 20 févr. 1866.

.» Que l'art. 444 est absolu dans ses termes et ne permet pas
une interprétation qui tend à excepter de son application
les créanciers hypothécaires ; que d'ailleurs les mêmes raisons qui ont amené les dispositions de la loi sur les créanciers
chirographaires militent également pour les créanciers hypothécaires.

» Qu'il est rationel qu'il en soit ainsi, afin qu'on sache tout de
suite s'il restera quelque chose afférant à la masse chirographaire ; que le créancier hypothécaire lui-même à le plus
grand intérêt à faire vendre les immeubles hypothéqués parce
qu'il est menacé de perdre le gage qui garantit les intérêts
courus depuis la faillite, gage qui ne porte plus, en effet que
sur des biens généralement improductifs, l'administration en
ayant été enlevée au failli. »

Par ces motifs, etc.

Ainsi les arrêts combinant les articles 444 C. de commerce
et 1188 C. civil, et l'art. 571 du C. de commerce, permettent
aux créanciers hypothécaires, privilégiés ou nantis, de faire
des poursuites en expropriation, aussitôt après le jugement
déclaratif de faillite et cela en vertu du principe d'exigibilité
auquel ce jugement donne naissance.

Or, qui ne voit la confusion que cette jurisprudence fait entre
deux principes qui ne peuvent s'allier ensemble ?

Si les créanciers privilégiés, hypothécaires, etc., jouissent
du droit de faire des poursuites contre le failli, c'est parce
qu'ils sont placés en dehors de la faillite, contre laquelle leur
convention même ou la faveur directe de la loi a voulu les
sauvegarder.

Et voilà que la jurisprudence, oubliant que ce droit ne leur
est donné que parce qu'ils doivent être étrangers à la faillite,
le leur conserve tout en les replaçant dans la même situation
que les créanciers du droit commun des faillites !

Elle aboutit en un mot à cette inconséquence :

Vous avez le droit de poursuivre en expropriation malgré le
jugement déclaratif parce que la faillite se passe en dehors de

vous; puis aussitôt : par suite de cette faillite vous avez le droit d'exercer ces poursuites du jour du jugement déclaratif en raison de la loi d'exigibilité qu'il établit.

Elle oublie, en outre, que l'exigibilité résultant de la faillite ne produit pas les mêmes effets que l'échéance ordinaire, que son but n'est pas de donner aux créanciers à terme le droit d'agir individuellement contre les syndics et de se faire attribuer par préférence la partie de l'actif nécessaire au paiement intégral de leurs créances, mais simplement d'appeler tous les créanciers à concourir aux opérations de la faillite et à prendre part aux répartitions comme si les créances étaient échues.

Enfin, elle se trompe en essayant d'assimiler la faillite à la déconfiture, car dans ce dernier cas, il n'y a pas d'administrateurs chargés de réaliser l'actif du débiteur.

Nous concluons donc en ce sens que les créanciers hypothécaires restant ce qu'ils étaient, doivent attendre l'échéance de leurs créances, ou tout au moins le résultat des opérations de la faillite par suite desquelles on procèdera à la contribution ou à l'ordre, ce qui leur permettra d'être payés.

S'ils veulent réclamer le privilége de l'exigibilité, ils devront se soumettre à la loi commune des créanciers ordinaires et renoncer dès lors à leurs priviléges et hypothèques (1).

L'un des buts qu'on a voulu atteindre par le principe de l'exigibilité et qui est de permettre aux créanciers à terme de prendre part aux opérations de la faillite, justifie très-bien la disposition du Code de 1838 faisant dater l'exigibilité du jour du jugement déclaratif et condamne l'ancien art. 448 du Code de 1808, ainsi conçu : « *L'ouverture de la faillite* rend exigibles les dettes passives non échues. »

(1) Paris, 12 décemb. 1861. — Renouard, t. II, p. 332. – Dalloz, *Jurisp. gén.* V° Faillite, n° 246. — Bédarride, t. III, n° 1083. — Alauzet, t. II, n° 1076, Bravard et Demangeat, t. V, p. 159.

En effet, à cette époque, l'ouverture de la faillite se plaçait au moment de la cessation des paiements, c'est-à-dire à un moment où il n'était pas possible de prendre part aux opérations de la faillite, puisqu'elles sont toujours postérieures au jugement déclaratif. Le nouvel article 444 rattache donc mieux l'effet à la cause.

B. — Maintenant que nous connaissons bien la cause et le but de notre principe, et que nous savons qu'il ne faut pas confondre une dette à terme que la faillite a rendue exigible et une dette arrivée à son échéance, nous pouvons déduire plusieurs conséquences.

La première, c'est que la loi sur les faillites ne veut pas, en établissant l'exigibilité des dettes passives, avantager un créancier au préjudice de ses cocréanciers, par un changement dans la conséquence de son titre.

Ce principe se trouve posé et consacré dans un arrêt de Metz du 28 décembre 1816, où on lit : « Si l'ouverture d'une faillite opère la résolution des termes de crédit accordés au failli et rend exigibles les créances non échues, il ne s'ensuit pas que ces créances doivent être acquittées sur-le-champ.

Nous pouvons trouver d'autres applications de cette idée, notamment en matière de compensation. Pour cela, supposons plusieurs hypothèses :

Première hypothèse. — Une personne est d'une part créancière d'un commerçant pour une somme de... qui doit être payée à un délai de .... ; d'autre part, elle est débitrice envers ce commerçant d'une pareille somme, mais l'échéance est arrivée.

Si le commerçant tombe en faillite, cette faillite amenant l'exigibilité des dettes, va-t-on dire qu'il y aura compensation entre la somme qu'il doit et la somme égale qui lui est due ? Point du tout, car la compensation n'a lieu (art. 1291 C. civ.) qu'entre deux dettes également liquides et exigibles.

Or ici nous ne sommes point dans ces conditions ; en effet :

1° la dette du créancier qui réclame la compensation est bien liquide, mais la dette du failli ou plutôt de la masse, ne l'est pas, puisque la masse ne doit qu'un dividende proportionnel à une créance, dividende qu'il faut déterminer et dont on ne peut fixer immédiatement le quantum ; 2° la seconde condition dont parle l'art. 1291, l'exigibilité, ne se rencontre pas non plus telle que cet article la comprend, car nous savons que l'exigibilité de l'art. 444 n'est pas absolument analogue à celle qui résulte de l'arrivée de l'échéance.

De tout ceci, il résulte qu'on ne pourra parler de compensation que quand la répartition des dividendes sera ordonnancée, c'est-à-dire quand ces dividendes eux-mêmes seront exigibles ; alors si, à ce moment, l'un des créanciers est débiteur envers la faillite d'une dette échue, il y aura compensation jusqu'à due concurrence.

La jurisprudence a admis cette solution ; deux arrêts de la Cour de Cassation, l'un du 14 mars 1854, l'autre du 9 juillet 1860, en témoignent ; mais elle fait à tort de l'art. 446 du Code de Com. le motif fondamental de ses décisions, car cet article parle de la compensation *facultative* ou *conventionnelle* et non de la compensation *légale* ; or, dans notre espèce, il s'agit de la compensation légale visée par l'art. 1291.

Ce qui démontre que l'argument tiré de l'art. 446 est absolument sans portée, c'est que si un commerçant non encore déclaré en faillite mais déjà en état de cessation de paiements, se trouvait à la fois créancier et débiteur envers un tiers de créances et de dettes liquides et exigibles, malgré l'art. 446, la compensation légale s'opérerait immédiatement (1).

Deuxième hypothèse. — C'est tout le contraire de la première. La créance du tiers contre le failli est bien exigible au jour de la déclaration de faillite, mais la créance du failli contre lui ne l'est pas encore.

Ce tiers débiteur à terme pourra-t-il renoncer au bénéfice du terme pour donner lieu à l'application de la compensation

(1) Déjà décidé ainsi, même sous l'empire du code de 1807.

légale ? Non, car la condition de chaque créancier de la faillite est fixée irrévocablement au jour du jugement déclaratif et elle ne peut postérieurement être améliorée pour l'un d'eux au détriment des autres (1).

Troisième hypothèse. — Cette troisième hypothèse nous amène à admettre une exception à notre principe ; elle a d'ailleurs trait à une institution spéciale, celle du compte courant. Voici en quoi elle consiste :

Paul a remis à Pierre des effets de commerce portés par celui-ci au crédit de Paul pour leur valeur *nominale*. Paul tombe alors en faillite, il a à cette époque 50,000 francs à son crédit, 30,000 francs à son débit.

Les syndics pourront-ils réclamer à Pierre 20,000 francs, c'est-à-dire la différence entre le crédit et le débit ?

Nous n'hésitons pas à répondre négativement. Examinons les détails de cette situation.

Un effet a été porté au crédit de Paul pour sa valeur nominale qui est de 50,000 francs au moment de la faillite de Paul. Cet effet n'est pas encore échu lors du jugement déclaratif ; si Pierre ne réussit pas à en toucher le montant, que fera-t-il ? Il aura le droit de faire une *contre passation*, c'est-à-dire qu'il portera au débit de Paul les 50,000 francs portés d'abord à son crédit et la faillite ne pourra rien réclamer. Il y aura eu ici une véritable compensation.

Cette décision est admise par la jurisprudence qui la fonde sur cette idée très-sensée que la condition d'encaissement est toujours sous entendue dans les remises d'effets à compte courant (2).

---

(1) Bravard et Demangeat, t. V, p. 164, note. — Renouard, t. I, p. 332. — Bédarride, t. I, p. 90. — Alauzet, t. IV, nº 1682. — Cass., 9 juillet 1860.

(2) Cassation, 25 janv. 1852. — Massé, t. IV, p. 307 et suiv. — Renouard, t. I, p. 332 et suiv. — Delamarre et Lepoitrin, t. III, nºˢ 315 et suiv.

C. — Mais le jugement déclaratif rend-il exigibles les dettes actives?

L'art. 444 ne laisse aucun doute sur la négative, il a bien soin de ne parler que des dettes passives, consacrant ainsi une fois de plus ce principe de droit que l'on doit respecter de toute manière les engagements pris par les tiers. Les débiteurs du failli, en effet, ne peuvent être atteints d'un fait auxquels ils sont étrangers et la déclaration de faillite de leur créancier doit laisser leur position absolument intacte.

— Mais ces dettes qu'on ne peut exiger vont peut-être faire que les opérations de la faillite seront entravées; la liquidation de l'actif et sa répartition seront exposées, à chaque instant, à être arrêtées par différentes causes : s'il faut, par exemple, attendre l'arrivée d'un terme ou d'une condition, ou le résultat d'un jugement qui interviendra sur les créances litigieuses du failli.

Aussi la loi a-t-elle donné deux moyens d'éviter tous ces temps d'arrêts : 1° Elle a permis aux syndics de transiger avec l'autorisation du juge commissaire sur toutes les contestations qui intéressent la masse. Art. 487.) 2° Elle a admis l'union, en ce qui concerne les créances à terme, à se faire autoriser par le tribunal de commerce à traiter à forfait, au moment propice, et le failli dûment appelé, de tout ou partie des droits et actions dont le recouvrement n'aurait pas été opéré.

D. — Le failli peut avoir des codébiteurs solidaires et des cautions.

— Parlons d'abord des codébiteurs solidaires. Perdront ils le bénéfice du terme par le fait de la faillite du commerçant, leur codébiteur?

Non, car 1° ce serait contraire aux principes généraux ; ces codébiteurs du failli se sont engagés sous de certaines conditions; ils doivent en jouir tant qu'ils restent solvables et ils ne peuvent être tenus d'une obligation plus étroite par le fait (et ici par la faillite) de l'un d'eux « *Nemo ex alterius facto praegravari debet.* »

Cette solution ne crée pas de situation anormale, car la solidarité n'empêche pas que la dette de plusieurs codébiteurs solidaires soit exigible à des termes différents pour chacun d'eux (1).

2° Ce serait contraire aux règles particulières aux faillites, car l'exigibilité, conséquence du dessaisissement, n'a d'autre objet que de faciliter la liquidation, mais la liquidation de quoi ? De l'actif du failli et non pas de l'actif des coobligés qui ne sont pas en faillite et n'ont à supporter aucune liquidation forcée. Les rédacteurs du Code ont donc été sages en disant simplement : « à l'égard du failli, » et en indiquant ainsi qu'ils ne visaient que lui et non ses coobligés.

— Le failli peut avoir des cautions, ou réciproquement il peut être la caution de quelqu'un.

Dans le premier cas, le créancier du failli qui peut prendre part aux opérations de la faillite pourra-t-il demander paiement à la caution ? Non certes ; la déchéance du terme qui est juste vis-à-vis du failli, ne l'est point en ce qui concerne la caution, qui a peut-être mis pour condition de son engagement le bénéfice du terme et par rapport à laquelle le contrat se maintient dans toute son intégrité.

Mais la caution qui ne peut être atteinte, peut agir, elle, en se présentant, en vertu de l'article 444 du C. de Com., pour participer aux opérations de la faillite.

En effet, dès le jour de la faillite du débiteur principal, il devient certain pour la caution qu'elle sera forcée de payer la dette de celui-ci à l'échéance, qu'elle aura par conséquent un recours à exercer ; en un mot, elle devient un créancier à terme du failli

Et voilà la raison de l'alinéa 2 de l'article 2032 C. civil, ainsi conçu : « La caution même avant d'avoir payé peut agir contre le débiteur pour être par lui indemnisée, lorsque le débiteur a fait faillite. »

---

(1) Pothier, *Traité des obligations*, n° 236.

Au cas inverse où le commerçant tombé en faillite est lui-même une caution, le créancier aura le droit d'en réclamer une nouvelle à son débiteur, en se fondant sur l'article 2020 du C. civil.

E. — Il nous reste à rechercher comment les principes dont nous avons parlé plus haut s'appliquent aux signataires des effets de commerce et spécialement des lettre de change.

— Parlons d'abord de la lettre de change.

Au cas où l'un des signataires est tombé en faillite, quel droit aura le porteur contre les signataires non faillis ?

Ces droits varient suivant la qualité qu'a le signataire failli dans la lettre de change.

Nous devons envisager plusieurs hypothèses :

I. C'est le tiré qui est tombé en faillite.

Deux cas peuvent se présenter :

1° Il n'a pas encore accepté la lettre de change au jour du jugement déclaratif ; dans ce cas, le dessaisissement que ce jugement opère lui interdit de l'accepter désormais.

Or, en vertu de l'article 118 C. de Com., le tireur et les endosseurs d'une lettre de change contractent vis-à-vis du porteur une double obligation ; ils sont garants solidaires et de l'acceptation et du paiement à l'échéance ; de plus, en vertu de l'article 120, ils sont obligés de donner respectivement caution du paiement de la lettre à l'échéance si elle n'est pas acceptée par le tiré.

Ici l'acceptation n'est plus possible, la caution est donc exigible. Cette hypothèse n'a pas été prévue par l'article 444, mais il n'en était pas besoin, les règles de la lettre de change suffisent, en effet, à garantir le porteur.

2° Supposons que le tiré a accepté avant le jugement déclatif, le tireur et les endosseurs n'ont plus alors qu'à procurer au porteur le paiement à l'échéance ; conséquemment si le tiré tombe en faillite avant cette échéance, il semblerait qu'ils ne peuvent être soumis à aucun recours du porteur tant que l'échéance n'est pas arrivée, car jusqu'à cette époque le paiement ne doit pas encore être fait ; en un mot, il semblerait que ce sont des coobligés solidaires qui jouissent du bénéfice de leur terme, nonobstant la faillite de l'un d'entre eux.

Mais il n'en est rien, car le tiré, en acceptant la lettre de change, a garanti, cautionné la signature du tireur et des endosseurs, et le porteur, en lui demandant son acceptation, a voulu se procurer une sûreté de plus du paiement à l'échéance.

Or, si le tiré accepteur fait faillite, cette garantie devient vaine, car le porteur ne pourra obtenir, en se présentant à la répartition de l'actif, qu'un dividende qu'il sera peut-être obligé d'attendre très-longtemps. — A défaut d'autre texte, on le voit, l'art. 2020, C. civil suffisait pour permettre au porteur de réclamer du tireur et des endosseurs une nouvelle caution.

Mais l'article 444 prévoyant l'espèce, consacre expressément la solution que nous venons d'indiquer, par cette formule : « Les autres coobligés sont tenus de donner caution pour le paiement à l'échéance, s'ils n'aiment mieux payer immédiatement. » Nous ajoutons avec le tribunal de la Seine : « et intégralement, sans déduction d'intérêts » (1).

La disposition précitée n'est pas seulement conforme aux principes généraux du droit, elle s'accorde encore pleinement avec l'article 163 du C. de com. d'après lequel, au cas de faillite de l'accepteur avant l'échéance, le porteur peut faire protester et exercer son recours.

Elle est conforme aussi aux usages du commerce, car l'expérience a démontré que les tiers porteurs ne demandaient caution qu'au cas où c'était l'accepteur qui tombait en faillite, et cela lorsque l'ancien article 448 du Code de com. permettait de l'exiger en cas de faillite de l'un quelconque des obligés.

Aussi, c'est en vain que les rédacteurs du projet de 1834 s'étaient opposés à ce que la faillite de l'accepteur pût donner lieu à un recours immédiat, dans la crainte de voir l'essor du commerce entravé et les commerçants les plus honnêtes

(1) 4 mai 1853.

exposés à des désastres inévitables ; la force des considérations
que nous avons exposées plus haut amena un amendement
qui est cause des dispositions qui sont actuellement notre loi

II. Mais si c'est le tireur qui est en faillite, le porteur aura-
t-il des droits à exercer contre les endosseurs ?

Le Code de 1808 le lui permettait Le porteur avait le droit
(conf. anc. art. 448), en cas de faillite de l'un quelconque des
obligés, de réclamer caution des autres pour le paiement à
l'échéance, à moins que l'on ne préférât payer immédiatement.

Le Code de 1838 fait une distinction sur ce point et
n'accorde de droits au porteur qu'autant qu'au moment de la
faillite du tireur, la lettre de change n'a pas été acceptée. Les
auteurs de la loi nouvelle ont pensé que l'acceptation du tiré
était une garantie suffisante et couvrait assez le porteur des
risques occasionnés par la faillite du tireur.

Mais la disposition à laquelle ils se sont arrêtés n'est pas
rationnelle, ni conforme aux principes de la cession par endossement ; car alors même qu'il y a eu acceptation du tiré, les
endosseurs n'en ont pas moins cédé la signature du tireur, par
conséquent ils devraient la garantir.

Puis d'autre part si l'acceptation peut ajouter un droit
nouveau au porteur, elle ne devait pas pouvoir lui en enlever
un ; or, c'est précisément ce qu'elle fait, car elle lui ôte le
droit de demander caution à raison de la faillite du tireur et
elle ne lui laisse qu'un recours illusoire contre celui-ci, au cas
où le tiré qui a accepté n'a pas pu payer à l'échéance.

Quoi qu'il en soit, la loi existe ainsi et il en résulte cette conséquence que, si après avoir obtenu caution des endosseurs
lors de la faillite du tireur le porteur obtient l'acceptation du
tiré, la caution doit disparaître parce que le porteur n'a pas
droit au cumul de ces deux garanties.

Ainsi le but du législateur qui a voulu faire de la lettre de
change une créance dont le paiement soit à peu près assuré,
une sorte de papier-monnaie ; but qu'il a cherché à atteindre
en posant en principe la solidarité des signataires de la lettre

de change et en autorisant le porteur à en demander l'acceptation avant son échéance, est complètement laissé de côté dans le cas spécial qui vient de nous occuper.

III. Enfin, supposons que c'est un endosseur qui est tombé en faillite.

En théorie, le porteur devrait pouvoir s'adresser à tous ceux qui ont signé la lettre de change postérieurement à l'endosseur failli, pour qu'ils lui fournissent caution, car ils ont cédé, garanti la signature de cet endosseur.

Cette distinction indiquée par les principes et proposée par plusieurs auteurs n'existait pas dans le Code de 1808. La loi de 1838 malgré la transformation qu'elle fait à la loi ancienne, ne s'y arrête pas davantage : d'après l'ancien art. 448, en effet, il suffisait qu'un des obligés par lettre de change tombât en faillite pour que immédiatement on pût demander caution à tous les autres obligés sans distinction (1).

Or, qu'a fait le législateur de 1838 ? Il a été radical dans un autre sens et il a supprimé tout recours même contre les endosseurs dont la signature est postérieure à celle du failli.

Cette suppression constitue une dérogation aux principes déposés dans l'art. 444 lui-même. On n'a pas fait pour la faillite de l'un des endosseurs comme pour celle du tireur, de distinction au cas d'acceptation par le tiré, et cependant les endosseurs devraient être tenus envers le porteur comme le tireur lui-même.

— Nous arrivons maintenant à la faillite du souscripteur d'un billet à ordre. Quel sera ici le droit du porteur ? Il pourra demander caution à tous les endosseurs, car tous ont cédé sa signature (art. 444).

Comme l'endosseur d'une lettre de change, l'endosseur d'un billet à ordre peut être déclaré en faillite sans que ce fait permette au porteur du billet de demander caution à qui que ce soit.

(1) Cour de Nîmes 31 janvier 1825.

— Il y a quelque singularité dans l'assimilation entre la faillite du tiré accepteur ou du tireur à défaut d'acception d'une lettre de change et la faillite du souscripteur du billet à ordre quant au droit de demander caution aux endosseurs. Il est facile de s'en apercevoir lorsqu'on songe que le souscripteur d'un billet à ordre ne s'engage qu'à une chose : à payer à l'échéance ; et que les endosseurs sont garants de ceci seulement.

Comment alors expliquer que le porteur ait le droit de leur demander caution quand le souscripteur tombe en faillite avant l'échéance ? On viole ainsi l'art. 444, al. 1er, qui ne fait déchoir du bénéfice du terme que le failli et non' ses coobligés ; d'autre part, s'il est bien que les endosseurs soient obligés de donner caution quand le souscripteur d'un billet à ordre a fait faillite, si cette solution se justifie par la considération qu'ils ont cédé sa signature ; qui ne voit que la loi est irrationnelle quand elle dispose que tous les endosseurs de la lettre de change ne sont pas astreints à donner caution en cas de faillite du tireur après acceptation, puisqu'ils ont, comme dans le cas de billet à ordre, cédé sa signature ? (1).

On a tenté cependant de justifier la loi dans ce qu'elle a d'illogique et l'on a dit : Quand c'est celui qui doit acquitter l'effet de commerce qui est tombé en faillite, il convient d'astreindre les autres coobligés à fournir caution, car on est certain que le paiement ne sera pas effectué à l'échéance ; mais quand celui qui doit payer est solvable et qu'un garant du paiement seul fait faillite, il est inutile, dangereux d'exiger caution de tous ses coobligés si l'on ne veut jeter la perturbation dans leurs affaires et aussi dans le commerce. La loi a dû faire céder les syllogismes rigoureux de la théorie devant des raisons pratiques impératives (2).

<hr>

(1) Bravard, t. V, p. 178.
(2) Pardessus, n° 1120. -- Rivière, *Répétitions écrites*, p. 603.

F. — Une loi nouvelle, celle du 12 février 1872 (1) est venue reconnaître formellement une exception remarquable à la règle d'exigibilité déposée dans l'art. 444 du C. de Com., en ce qui concerne la créance du propriétaire des lieux où le failli exerce son industrie.

Ses dispositions modifient profondément les idées admises jusqu'alors par la jurisprudence sur ce point et suppriment les conséquences désastreuses des décisions qu'elle avait cru devoir rendre sur la matière.

Pour arriver à ce progrès, la loi a-t-elle été obligé de déroger aux principes de la législation commerciale ou bien n'a-t-elle fait que les consacrer une fois de plus ? Telle est la question que nous nous proposons d'examiner et de résoudre.

Aux termes de l'article 2102, al. 1er, le propriétaire locateur a un privilége pour les loyers qui lui sont dus, pour les réparations locatives et d'une manière générale pour tout ce qui concerne l'exécution du bail. Ce privilége repose sur un nantissement tacite ou présumé. Il porte sur tous les objets qui garnissent la maison louée.

Spécialement dans le cas de bail fait à un commerçant, les marchandises et les denrées qui sont dans les boutiques en location sont affectées au privilége du bailleur ; néanmoins le commerçant peut les vendre, toutes les fois du moins que ces ventes seront faites dans l'exercice régulier de son commerce et avec remplacement au fur et à mesure ; le propriétaire a évidemment consenti à de pareilles ventes quand il a loué au marchand.

Mais dans quelle mesure le privilége du locateur va-t-il garantir les créances de celui-ci ?

Il faut distinguer : Toutes les fois que le bail sera authentique ou aura date certaine, le propriétaire bailleur sera colloqué pour toute sa créance, pour tous les loyers à échoir

(1) Promulgation au *Journal officiel* du 19 février 1872.

comme pour tous les loyers échus ; au contraire, quand l'acte
de bail ne sera pas authentique ou n'aura pas date certaine (1), le privilége est restreint ; tout le monde est d'accord
sur ce point, seulement on discute pour savoir quelles sont
les bornes de cette restriction.

Ainsi quand le bail a date certaine, le propriétaire locateur
a un privilége pour tous les loyers à échoir, y eût-il vingt années encore à courir ; et s'il se trouve en situation de l'exercer, si par exemple les créanciers du locataire font saisir les
choses qui garnissaient les lieux loués, il pourra se faire payer
par préférence sur le prix de la vente de ces choses le montant intégral de ses vingt années de loyers.

Mais au cas de faillite du locataire, le privilége conserve-t-il
cette étendue ?

Le caractère qu'on attribuera à l'obligation du preneur
pourra influer beaucoup sur la question.

Si, en effet, l'on dit que le locataire est un débiteur sous
condition suspensive, la dette échappera, nous croyons l'avoir
démontré plus haut, à la loi d'exigibilité et le bailleur n'aura
aucun titre pour exiger son paiement par anticipation.

Au contraire, si l'on admet que le preneur est simplement
un débiteur à terme, la solution pourra, peut-être, être différente. Nous examinerons pourtant si même dans ce cas, à
raison du privilége que la loi attache à la créance du bailleur,
la dette du locataire n'est pas soustraite à la loi d'exigibilité
de l'article 444.

— Une première opinion enseigne que l'obligation du preneur est une obligation sous condition suspensive.

Elle raisonne ainsi : Dans tout contrat de bail, il est de principe que les loyers ne seront dus que si le preneur est main-

<hr>

(1) Ce cas se présentera plus rarement aujourd'hui que la loi du 23
août 1871 exige sévèrement l'enregistrement de tous les baux, même
verbaux.

tenu en jouissance des endroits loués ; or, il n'est pas certain
que cette jouissance subsistera jusqu'à la fin du bail. On ne
peut donc soutenir qu'on doit colloquer le bailleur pour tous
les loyers à échoir, puisqu'il pourra se présenter des cas où il
n'aura jamais eu droit à ces loyers. (Comp. art. 1722. C. civil.)

Aussi, dit cette théorie, doit-on restreindre la portée de
l'art. 2102, n'admettre de collocation pour tous les loyers
qu'au cas où les meubles du preneur ont été anéantis ou dé-
tériorés et où, par suite, le bailleur a perdu ses garanties, et
refuser absolument cette collocation toutes les fois que le bailleur, payé déjà de tous les termes échus, a l'assurance que
les meubles du locataire continueront de garnir les lieux loués
et de lui servir de gage.

Conséquemment, au cas où les créanciers du failli promet-
mettent de maintenir les garanties matérielles qui assuraient
les paiements des loyers dans l'avenir, le bailleur ne peut se
faire colloquer jamais que pour les loyers échus.

La deuxième opinion (qui est la nôtre) sur la nature de la
dette du preneur, soutient au contraire que cette dette est une
dette à terme en ce qui concerne les loyers à échoir et se
fonde ainsi :

Du jour du contrat de bail, le preneur (comme le bailleur,
du reste), sait à quoi il s'oblige ; de ce jour il peut, tout
comme si au lieu d'avoir loué il avait acheté, apprécier pleinement l'étendue de ses obligations ; il s'est engagé, par
exemple, à payer une somme de .... pour la jouissance de
tel immeuble qu'on lui a promise en retour. Cette somme, il
est vrai, il la payera le plus ordinairement par portions an-
nuelles, trimestrielles, mensuelles ; mais s'il l'a payé tout entière le premier jour, il n'aura pas fait le paiement de l'indu
et il ne sera pas recevable comme au cas de paiement anticipé d'une dette conditionnelle à demander le recouvrement
de ce qu'il a versé, sous le prétexte que sa dette n'existera
peut-être jamais.

Il est vrai que si le bail n'arrive pas à fin parce que le bail-

leur n'aura pas procuré la jouissance des lieux loués jusqu'au
bout, le preneur pourra retenir une portion de son prix cor-
respondante à la jouissance qu'il perd, mais c'est par l'application d'une règle générale à tous les contrats synallagma-
tiques et en vertu du droit de résolution attaché à ces contrats
en cas d'inexécution des conditions qu'ils contiennent.

La Cour de Cassation (1), partant de cette idée que la dette
du preneur est une dette à terme, décida qu'au cas où il tombait en faillite, il perdait comme tous les débiteurs à terme, le
bénéfice du terme, et que par conséquent tous les loyers à
échoir devenaient exigibles.

Si donc, disait la Cour, la somme nécessaire pour remplir
le locateur du montant intégral de sa créance n'est pas payée
ou au moins consignée, il est fondé à se prévaloir du privilége
de l'art. 2102-1" C. civil, ou à exiger conformément aux art.
1184 et 1171 du même Code, au cas où le prix dont il s'agit
ne serait qu'imparfaitement payé ou consigné, la résiliation du
bail pour la durée du temps dont les loyers ne lui auraient
pas été comptés ou assurés.

Qu'arriva-t-il? C'est que la plupart du temps, les valeurs
les plus importantes de l'actif du failli, les marchandises qui
garnissaient les biens loués, étaient attribuées au bailleur,
alors que les autres créanciers ne touchaient rien ou presque
rien. Le bail, en effet, avait-il encore dix, vingt ans à durer
lorsqu'éclatait la faillite ; on remettait par anticipation au bailleur le montant de ces dix ou vingt années de bail et les autres
créanciers, ceux qui avaient vendu les marchandises mêmes qui
garnissaient les lieux loués, étaient complètement sacrifiés.

La solution de la jurisprudence en exagérant ainsi le principe de la protection due aux propriétaires et en les enrichis-
sant aux dépens du failli et de ses autres créanciers avait donc
des résultats déplorables.

Mais était-elle, du moins, commandée par les principes ?

______

(1) Arrêt du 23 mars 1865. — Droit du 12 mai 1865.

Nous ne le croyons pas, et cela précisément parce que le propriétaire locateur est un créancier privilégié.

Le privilége qu'il peut invoquer, le place, en effet, en dehors
de la masse, ainsi que nous l'avons admis plus haut ; dès lors
comment lui appliquer, à lui qui reste étranger à la faillite,
une règle qui n'a été faite que pour appeler aux opérations de
cette faillite et au partage de l'actif, des créanciers dont les
droits étaient certains, quoique à terme, et qui s'ils eussent été
exclus de la répartition sur le seul motif qu'ils avaient accordé
des délais pour le paiement, eussent tout perdu, dénués qu'ils
étaient de garanties ?

La loi du 19 janvier 1872, modificative des art. 450 et 550 du
C. de com., en admettant que la faillite ne rend pas exigible
les loyers à échoir, au lieu de faire échec aux vrais principes
en faveur de considérations pratiques et dans le but d'être
utile au commerce, les a donc, au contraire, simplement affir-
més et mis en relief.

Les dispositions qui règlent aujourd'hui la difficulté que nous
venons d'examiner sont contenues dans les alinéas 1, 2 et 3 du
nouvel article 550 du Code de com.

Ce nouvel article distingue deux cas :

» Si le bail est résilié, le propriétaire d'immeubles affectés à
l'industrie ou au commerce du failli aura privilége pour les
deux dernières années de location échues avant le jugement
déclaratif de faillite, pour l'année courante, pour tout etc. »
(Nous ne nous occupons du privilége qu'en ce qui concerne
l'exigibilité des loyers à échoir.)

Quand le bail est résilié, en effet, il est clair que le privilége ne peut s'étendre à une époque postérieure à la résiliation, puisque de ce jour le bail n'existe plus, que les droits
à la jouissance et aussi les droits aux loyers correspondants
sont éteints (1).

---

(1) Le privilége est donc restreint au passé, en ce qui concerne les
loyers. Mais pourquoi n'embrasse-t-il pas toutes les années échues ? La rai-

Supposons maintenant que le bail n'a pas été résilié, que dirons-nous des loyers en cours ou à échoir ?

Si les sûretés qui ont été données au bailleur lors du contrat sont maintenues, il n'a pas eu à se plaindre, puisqu'il se trouve au même état qu'au début de son contrat ; on ne doit donc pas lui reconnaitre le droit d'exiger le paiement des loyers à échoir.

Mais si elles ne sont pas maintenues, s'il y a vente et enlèvement des meubles garnissant les lieux loués, alors les loyers à échoir deviennent exigibles, non plus par le fait de la faillite, mais par le fait de la réalisation du gage du bailleur. Dès lors, le privilége que la loi lui accorde recouvre toute son utilité en ce qui concerne les termes à venir.

« Le bailleur pourra donc l'exercer, dit l'alinéa 3 du nouvel art. 550, comme au cas de résiliation ci-dessus et en outre, pour une année à échoir à partir de l'expiration de l'année courante; que le bail ait ou non date certaine (1).

son en est simple. On a assimilé les loyers des immeubles aux intérêts des sommes d'argent ; ils ont, en effet, ce grand trait commun qu'ils sont les uns et les autres des revenus. Si donc on a pu, en se fondant sur ce que le créancier d'une somme d'argent est coupable de négligence de rester plus de deux ans sans réclamer le paiement de ses intérêts, limiter la garantie hypothécaire que ce créancier aurait pu avoir, à deux années de ces intérêts, quoi d'étonnant à ce qu'il en soit de même pour le bailleur créancier de loyers? La présomption de négligence perd-elle de sa force parce qu'au lieu d'intérêts il s'agit de loyers ?

(1) Le nouvel art. 560 ne fait aucune distinction entre les baux sans date certaine et les baux avec date certaine ; dans l'un comme dans l'autre cas, il y aura privilége pour les loyers de deux années échues s'il y a eu résiliation, et s'il n'y a pas eu résiliation pour ces mêmes loyers et de plus pour ceux d'une année à échoir.

Cet article tranche donc par là, au moins pour le cas de faillite, une question fut controversée dans la doctrine, celle de savoir qu'elle est dans le passé, l'étendue du privilége du locateur qui a fait un bail sans date certaine.

Il consacre législativement les arrêts de la jurisprudence qui décide unanimement dans le sens de l'extension du privilége à tous les loyers échus; mais nous ne saurions louer sa solution ; car outre qu'elle semble

Mais pourquoi si l'on reconnaît sage de restreindre le privilége pour les années à venir dans le cas où les lieux loués cessent d'être garnis, ne pas le supprimer tout à fait pour ces années ?

On l'avait proposé dans la discussion, mais cette motion fut repoussée par la raison que dans l'intérêt des commerçants il ne faut pas trop réduire les garanties du bailleur exposé aux risques des faillites.

Ainsi le privilége subsistera pour une année de loyers à échoir, mais en revanche le bailleur ne pourra figurer à la distribution des dividendes pour le paiement des termes futurs qui ne sont pas garantis par son privilége Si, en effet, on lui eût laissé ce droit en supprimant d'autre part toute garantie pour l'avenir, le propriétaire aurait le plus souvent demandé la résiliation, il aurait préféré ce parti plutôt que de laisser la jouissance des lieux loués à des tiers jusqu'à ce que le bail expire de lui-même, en recevant en échange un paiement en monnaie de faillite (1).

Le paiement immédiat d'une année de loyers le fera patienter et, si à la suite de l'année de location les syndics se trouvent dans l'impossibilité de continuer l'exécution du bail, le propriétaire aura toujours le droit de demander la résiliation.

repoussée par les travaux préparatoires du code civil (Locré, t. XVI, p. 211-232 — Fenet, t. XV, p. 354) et la formule restrictive de l'art. 2102, al. 1 ; elle tente la mauvaise foi et donne ouverture à toutes les fraudes.

(1) Mais le bailleur aura le droit de figurer à la répartition des dividendes pour l'excédant de sa créance privilégiée que son privilége aurait été impuissant à lui faire recouvrer.

6° EFFET. — SUSPENSION DU COURS DES INTÉRÊTS.

A. Principe, sa portée. — **B.** Point de départ de cette suspension. — **C.** De quelques cas exceptionnels qui peuvent se rencontrer dans la pratique.

A. — Nous arrivons à un nouvel effet du dessaisissement : la suspension du cours des intérêts. Cette suspension est la conséquence forcée de l'exigibilité d'une part et d'autre part de la conversion des créances en dividendes.

Le but principal que poursuit la loi, c'est l'égalité de condition entre tous les créanciers à partir du jugement déclaratif de faillite ; c'est pour cela qu'elle déclare toutes les dettes exigibles à partir de ce moment ; c'est pour cela aussi qu'elle suspend dès la même époque le cours des intérêts.

Si les intérêts, en effet, avaient continué de courir, comme il s'écoulera toujours un temps assez long avant que les créanciers recouvrent des dividendes, les intérêts des fortes créances auraient absorbé une partie de l'actif, déjà insuffisant, et cela au préjudice des petits créanciers, et en faisant brèche au principe qu'en matière de faillite, les créanciers qui n'ont pas les uns sur les autres des causes de préférence sont dans une position égale.

D'un autre côté, il est impossible qu'au nouveau droit que les créanciers acquièrent : le droit au dividende, soient attachés : 1° des intérêts *conventionnels*, car la conversion des créances primitives s'opère en vertu de la loi ; 2° *moratoires*, car le paiement des dividendes dépend de la marche des opérations de la faillite (1).

Mais remarquons que ce n'est qu'à l'égard de la masse que ces intérêts sont suspendus et que le failli doit toujours les

(1) Bravard, t. V, p. 182.

payer s'il veut obtenir sa réhabilitation art. 604, C. de com).

Dans ce cas il faut dire qu'il ne devra payer des intérêts moratoires que si le créancier qui les réclame a formé une demande en exécution de la convention aux termes de l'article 1153 C civil, et l'a dirigée contre le failli lui-même et non contre les syndics, puisque le failli est *integri status* pour tout ce qui ne se rattache pas directement à l'administration de ses biens, au gage de ses créanciers.

B. — Le Code de 1838 transforme notablement celui de 1808, sous l'empire duquel on admettait que la suspension du cours des intérêts, dérivation du dessaisissement, avait comme lui la cessation des paiements pour point de départ (1).

Aujourd'hui l'époque de la suspension des intérêts concorde bien encore avec celle du dessaisissement, mais elle ne commence plus que du jour du jugement déclaratif.

Le créancier pourra donc ajouter au capital de sa créance, pour y figurer dans le calcul du dividende, les intérêts courus jusqu'au jour du jugement, mais non ceux du temps postérieur.

C. — Il y a certains cas dans la pratique qui méritent une interprétation spéciale et pour lesquels notre article n'a pas été fait. Par exemple, un commerçant a souscrit pour s'acquitter d'une dette productive d'intérêts, une lettre de change payable après un certain délai et dont le montant comprend le capital même de la dette et l'intérêt qu'elle est susceptible de produire pendant ce délai. Il tombe en faillite avant l'échéance; quand le porteur viendra toucher son dividende figurera-t-il dans la répartition pour le montant de la lettre de change ou sera-t-il obligé d'en déduire les intérêts qui restaient à courir pendant le temps qui sépare le jugement déclaratif de l'échéance?

Non, il ne devra être tenu aucun compte du but de la lettre de change ; car son contexte ne révèle aucune distinction entre le capital dû au moment où elle a été faite et les intérêts qui restent à courir. Les tiers qui sont devenus cessionnaires

____

(1) Cass., 14 juillet 1829.

de l'effet en ont considéré le montant comme un capital et on ne peut leur imposer une réduction à laquelle ils n'ont pu s'attendre. L'article 445 ne s'appliquera donc pas dans cette hypothèse et nous pouvons donner cette solution d'autant plus sûrement que l'espèce fut prévue dans la discussion et que la proposition des députés qui parlaient de réduction fut repoussée par tous les autres (1.

Mais si le titre donne par lui-même la preuve que l'intérêt était compris d'avance, il sera juste de l'en distraire et de faire retour aux principes.

— Un créancier d'un commerçant tombé en faillite le 1er juin a contre lui une facture datée du 1er mai et qui porte qu'au cas où l'acheteur payera dans les trois mois, il lui sera accordé un escompte de 5 p. 0/0. Le créancier doit-il se présenter dans la faillite pour la somme entière ou pour la somme diminuée de l'escompte ?

Nous pensons qu'il pourra y figurer pour le montant total de la facture, car le jugement déclaratif ne peut être assimilé au paiement et conséquemment ne réalise pas la condition.

Cette condition ne peut même pas être considérée comme réalisée par le paiement d'un dividende dans les trois mois, car les conditions ne peuvent pas s'accomplir pour partie (2).

— Un commerçant est débiteur d'une rente viagère, il en a payé régulièrement les arrérages jusqu'au jugement qui l'a déclaré en faillite, ou bien il s'est obligé solidairement au paiement des intérêts d'une somme prêtée à un tiers Devrons-nous appliquer l'article 445 et refuserons-nous au crédit-rentier, au prêteur, de venir dans la faillite réclamer les arrérages et les intérêts postérieurs au jugement déclaratif?

Nous ne le croyons pas, car ces arrérages de la rente viagère, ces intérêts que le failli s'est obligé à payer constituent vis-à-vis de lui un véritable capital, puisqu'ils sont l'objet di-

(1) Dalloz, *Faillite*, n° 263. — Alauzet, t. IV, n° 1677.
(2) Dalloz. *Jurisp. gén.* V° Faillite n° 261. — Alauzet, t. IV, n° 1677.

rect de l'obligation, et puis, la cessation absolue des intérêts et de la rente mettrait le créancier qui y prétend dans une posi- tion pire que celle des autres créanciers, puisqu'elle anéanti- rait complètement son droit.

Au cas de rente viagère, des difficultés pourront s'élever, quand on voudra fixer la somme pour laquelle le crédit-ren- tier devra figurer dans la faillite; mais elles ne doivent pas influer sur notre solution, car l'appréciation de la valeur d'une rente viagère, quoique difficile, n'est pas cependant im- possible (1).

— Les créanciers hypothécaires, privilégiés ou nantis (ga- gistes et autres) sont encore ici l'objet d'une exception fondée absolument sur les mêmes raisons que celles qui les mettent en dehors de la loi de suspension des voies d'exécution sur les biens du failli.

Ces créanciers restant étrangers à la faillite qui ne saurait diminuer leurs sûretés, peuvent réclamer les intérêts de leurs créances même pour le temps postérieur au jugement décla- ratif.

Mais il faut toutefois combiner cette donnée avec les prin- cipes du Code civil déposés dans les art. 2148. 4° et 2151 de ce Code ; de ces articles il résulte :

1° Que le créancier qui requiert du conservateur une ins- cription hypothécaire doit mentionner sur le bordereau qu'il est obligé de lui présenter, le montant des accessoires des ca- pitaux pour lesquels il se fait accorder une garantie spéciale (art. 2148. 4°), s'il veut que cette garantie s'étende à ces ac- cessoires.

2° Que dans tous les cas, il ne peut se ménager de colloca- tion au rang d'hypothèque de son capital que pour les intérêts et arrérages de deux années et de l'année courante. (Ar- ticle 2151.)

<hr>

(1) Bravard et Demangeat, t. V, p. 187, note. — Contra Dalloz, *Jurisp. gén.*, n° 262. — Alauzet, t. IV, n° 1677.

Si donc on lui doit plus de trois années d'intérêts, le créancier hypothécaire sera tenu de prendre de nouvelles inscriptions portant hypothèque à compter de leur date pour les
arrérages autres que ceux conservés par la première inscription.

Mais l'art. 448 nous apprendra que ces inscriptions ne sont
plus possibles après le jugement déclaratif de faillite.

Comment combiner l'art. 445, 2° avec cette disposition nouvelle ; cet article n'a-t-il donc accordé qu'un droit illusoire
aux créanciers hypothécaires ?

L'article 445 s'appliquera sans peine toutes les fois que
l'inscription originaire aura précédé de peu de temps le jugement déclaratif ou toutes les fois que même au cas où elle
aurait été prise depuis longtemps, le débiteur a régulièrement
payé les intérêts échus et que les opérations de la faillite ont
été terminées moins de trois ans avant le dernier paiement
d'intérêts valable.

Mais supposons un créancier auquel il est dû au moins
trois années d'intérêts quand éclate la faillite.

Pourra-t-il prendre des inscriptions pour les annuités qui
lui sont dues ?

La Cour de Cassation admet l'affirmative (1), mais les raisons qu'elle donne ne sont pas de nature à fonder un système.

» Attendu, dit-elle, que l'article 2151 permet au créancier
hypothécaire inscrit pour un capital productif d'intérêts de
prendre des inscriptions particulières à compter de leur date
pour les arrérages qui ne sont pas conservés par la première
inscription

» Attendu que la faillite du débiteur, survenue depuis la
première inscription, ne porte pas atteinte à ce droit,

» Qu'il est au contraire confirmé par l'article 445 du Code de
Commerce qui, en supposant que des annuités échues postérieurement au jugement déclaratif peuvent être colloquées par

____

(1) 20 février 1850. Pont. *Privil. et hyp.* t. II, n° 859.

préférence, admet qu'on peut les inscrire après le jugement déclaratif;

» Que le principe de l'art. 448 al. 1er ne s'applique qu'aux créances principales constituant un droit nouveau et ne concerne pas les intérêts de celles précédemment inscrites, intérêts qui ne sont, en somme, que les conséquences de ces créances; etc., par ces motifs : »

Ainsi la Cour de Cassation se borne à affirmer ce qu'elle devrait prouver.

La loi autorise-t-elle quelque part une distinction entre l'hypothèque qui garantit une créance principale et celle qui garantit une créance d'intérêts? Non certes, car ni les expressions de l'article 448 C. de Com., ni celles de l'article 2146 C. civil, ne laissent soupçonner la moindre distinction.

Et d'ailleurs, à quels signes reconnaîtrait-on une inscription d'hypotèque garantissant une créance principale, d'une inscription garantissant une créance d'intérêts ?

Quand je m'inscris pour garantir le paiement de cinq années échues d'un capital de 100,000 francs, le montant de ces cinq années ne sera-t-il pas une créance principale ?

Enfin, peut-on soutenir sérieusement que l'article 445 commande de décider qu'on a le droit d'inscrire ces créances d'annuités après le jugement déclaratif, rien que parce que cet article suppose que des annuités échues postérieurement à ce jugement peuvent être colloquées par préférence ? Evidemment, c'est impossible en face de l'article 2151 C. civil, établissant pour deux années échues et l'année courante la collocation des créances d'intérêts au même rang que la créance principale, sans inscription supplémentaire.

Il ne faut pas croire pourtant que la solution que nous venons de donner et qui dénie absolument aux créanciers hypothécaires le droit de prendre inscription après le jugement déclaratif, soit désastreuse pour eux; car si les opérations de la faillite durent très-longtemps, le créancier hypothécaire ou privilégié, etc., n'aura qu'à se faire payer, dans les limites de l'article 2151, les intérêts échus ; si les syndics s'y refusent, il s'appuiera soit sur l'art. 1184 pour obtenir la résolution du contrat, soit sur l'art, 1188 pour faire prononcer la déchéance du terme à raison de ce que les sûretés qu'il avait exigées et sans lesquelles il n'aurait pas accordé de terme deviennent insuffisantes pour répondre de l'accumulation des intérêts à laquelle le refus des syndics donne lieu

— L'article 445 termine en nous apprenant que les intérêts des créances garanties ne pourront être réclamés que sur les sommes provenant des biens affectés au privilége, à l'hypothèque ou au nantissement.

Mais il peut arriver que le prix des immeubles affectés soit insuffisant pour acquitter le montant de ces intérêts.

Dans ce cas, faudra-t-il observer l'art. 1254 C. civil et imputer d'abord sur les intérêts la portion du prix qui sera versée et qui provient de la vente des immeubles.

Si nous appliquons l'article précité, alors les créanciers chirographaires supporteront en réalité le montant des intérêts échus postérieurement au jugement déclaratif, car pour ce qui reste dû, le créancier hypothécaire rentrera dans la masse et recevra un dividende.

Mais nous violerions alors le 2e alinéa de l'art. 445 sur lequel l'attention du législateur s'est spécialement portée et qui n'entend favoriser les créanciers hypothécaires qu'avec le prix des biens qui garantissent spécialement leurs créances Nous devons donc décider que ces créanciers ne peuvent pas réparer au préjudice de la masse l'insuffisance de leur gage et que l'art. 445 C. de com. a virtuellement dérogé dans ce but à l'art. 1254, C. civ. (1).

(1) Lyon, 30 août 1861.

APPENDICE.

7ᵉ EFFET. — DE L'INFLUENCE DU JUGEMENT DÉCLARATIF DE FAILLITE SUR LA PERSONNE ET LA LIBERTÉ DU FAILLI.

A. Suspension des voies d'exécution contre la personne du failli. — **B.** Mesures spéciales que la faillite entraîne à l'égard de la personne du failli. — Arrestation. — Possibilité de mise en liberté provisoire.

A. — Nous avons vu qu'un des effets du jugement déclaratif, une des conséquences du dessaisissement était la suspension des voies d'exécution sur les biens du débiteur failli ; il y a dans le code de 1838 un effet absolument analogue en ce qui concerne la personne du failli.

« En cet état, dit l'art. 456, *in fine*, il ne pourra être reçu contre le failli d'écrou ou recommandation pour aucune espèce de dettes. »

Cette disposition se comprend fort bien ; la contrainte par corps n'a qu'un but, c'est de presser le paiement de la part du débiteur en l'atteignant dans sa liberté ; or, après le jugement déclaratif, il est dessaisi, il ne peut plus payer valablement ; la loi ne pouvait donner une force de coercition aussi énergique que la contrainte par corps, contre une personne qu'elle rendait légalement impuissante à y échapper.

Mais aujourd'hui il y a une raison nouvelle de dire que la contrainte par corps ne peut plus s'exercer contre le failli, c'est que la contrainte par corps a été supprimée en matière civile, en matière commerciale et contre les étrangers par la loi du 22 juillet 1867.

Cependant elle subsiste encore en matière criminelle, correctionnelle et de simple police, pour les condamnations à des amendes, restitutions et dommages intérêts (1), et c'est dans

(1) Le principe général de la suspension des voies d'exécution contre

cette mesure que nous avons à combiner la contrainte par corps avec les dispositions du Code de commerce relatives à l'arrestation du failli que nous allons étudier immédiatement.

F. — Cette arrestation a pour but de s'assurer de la personne du failli.

La faillite qui est souvent le résultat d'opérations malheureuses peut n'être aussi que le fait de la mauvaise foi, et il n'est pas sans exemple que des commerçants aient préparé leur propre faillite pour s'enrichir.

Il est donc indispensable de se saisir de la personne du failli afin de le punir si sa chute commerciale vient d'un délit, ou est le résultat d'imprudences coupables, et afin de ne pas priver ses créanciers des explications qu'il leur doit, et que, seul peut-être, il est apte à leur donner.

La loi reconnaissant l'utilité de cette arrestation, a édicté que « par le jugement qui déclarera la faillite, le tribunal ordonnera le dépôt de la personne du failli dans la maison d'arrêt pour dettes ou la garde de sa personne par un officier de police ou de justice, ou par un gendarme (art. 455) » ; et

la personne ne souffre même pas d'exception en ce qui concerne les créanciers postérieurs à la faillite, dans les cas où ils peuvent encore aujourd'hui exercer la contrainte par corps. (art. 3 loi du 22 juillet 1867, loi du 20 déc. 187', promulguée le 23).

Il semblerait pourtant de prime abord, que n'étant point créanciers de la faillite, ces créanciers ne peuvent se voir opposer par leur débiteur cette faillite même, d'autant plus qu'au cas présent on ne peut leur reprocher d'avoir contracté avec le failli, puisque c'est par suite d'une condamnation pour crime ou délit qu'il est devenu obligé envers eux. Mais en y réfléchissant, on arrive facilement à la solution contraire.

Pourquoi donc, encore une fois, contraindre par corps un débiteur qui ne peut valablement se libérer, qui ne peut prendre la moindre somme à la masse, à l'égard de laquelle les dettes contractées après le jugement déclaratif sont censées ne pas exister. On ne peut donc lui enlever une liberté qui lui a été laissée bien plus pour ses créanciers que pour lui-même.

Les Cours de Paris, 12 octob. 1837, 25 nov. 1837 et de Nancy 21 nov. 1845 ont statué en ce sens pour dommages-intérêts alloués en matière criminelle ou correctionnelle.

s'inspirant du double but que nous avons indiqué, elle donne le pouvoir de requérir l'exécution de la disposition précitée, soit au ministère public, soit aux syndics de la faillite (art. 400).

Cette mesure qui consiste à s'assurer de la personne de failli diffère de la contrainte par corps ordinaire.

D'abord elle l'écarte (art. 455, 3e al. C. de com).

Puis, elle est fondée sur des motifs différents, comme nous l'avons vu.

Ces considérations nous autorisent à conclure que, le dépôt dans une maison pour dettes, peut être ordonné même à l'encontre d'un failli septuagénaire (1).

Les rédacteurs de la loi du 22 juillet 1867, ont parfaitement fait la distinction. En parlant du dépôt de la personne du failli M. Segris demanda si l'on entendait dépouiller le tribunal du droit de l'ordonner et il lui fut répondu : « Non, on le maintient, nous sommes d'accord sur ce point » (?).

— Si l'incarcération du failli est souvent indispensable, elle peut être parfois inutile ou injuste, c'est pourquoi l'art. 456 nous apprend que : « Lorsque le failli se sera conformé aux articles 438 et 439 (c'est-à-dire aura fait lui-même sa déclaration de cessation de paiements en y joignant son bilan et ne sera point, au moment de la déclaration, incarcéré pour dettes ou pour autre cause, le tribunal pourra l'affranchir du dépôt ou de la garde de sa personne. »

Cette disposition abroge le système rigoureux du code de 1808 qui prononçait le dépôt de la personne du failli dans tous les cas.

Ce système avait été adopté sur la déclaration de l'empereur qui prétendait « que dans toute faillite il y avait une présomption de banqueroute qui justifiait la sévérité des premières mesures. »

Mais qu'arrivait-il ? Les faillis hésitaient à déclarer leur

(1) Paris 23 décemb. 1817. — Troplong, *Contrainte par corps*, n° 86.
(2) Séance du 28 mars 1867.

cessation de paiements, dans la crainte de perdre immédiatement leur liberté, et en tous cas, une fois le jugement déclaratif rendu, ils s'empressaient de se mettre en sûreté.

La loi de 1838, au contraire, a pour but de déterminer les
faillis à déclarer eux-mêmes leur état de faillite, et dans cette
vue elle n'est favorable qu'aux commerçants qui se seront
conformés aux prescriptions de la loi, « ou qui ne sont pas déjà
en détention. » Cette dernière restriction est fondée sur les
motifs suivants : la dispense du dépôt ou de la garde de la
personne ne doit être accordée qu'aux faillis qui font sponta-
nément leur déclaration.

Or la déclaration, dit M. Renouard dans son rapport, « cesse
d'être volontaire et de pouvoir profiter au failli, lorsque, déjà
incarcéré, il ne se constitue en faillite qu'afin de se soustraire
à la contrainte par corps. — En ce cas, l'état de faillite fait
tomber la contrainte par corps qu'entraînait le jugement en
vertu duquel l'incarcération a eu lieu.... La contrainte par
corps instituée pour arriver à la découverte des ressources
cachées du débiteur, n'a plus d'effet lorsque, dessaisi de l'administration de ses biens, il n'est plus le maître de disposer de
rien, obligé qu'il est de tout livrer à la masse de ses créanciers.
Mais, de ce que la contrainte par corps perd son effet, il ne
s'ensuit pas que le failli puisse être dispensé du dépôt; car il
ne s'est déclaré en faillite que pour libérer sa personne et non
pour diminuer la perte de ses créanciers. »

Afin que les dispositions de notre article ne puissent être
tournées, le tribunal devra ordonner que le failli soit de nouveau
écroué en vertu de son jugement, autrement l'emprisonnement
pouvant cesser par le consentement de l'incarcérateur, une
entente avec ce dernier pourrait délivrer un homme qui, s'il
eût été libre au moment de l'ouverture de la faillite aurait été
arrêté par ordre du tribunal (1).

Du reste la disposition qui affranchit le failli du dépôt ou de

(1) Pardessus, n° 1145.

la garde de sa personne peut toujours, suivant les circonstances, être ultérieurement rapportée par le tribunal de commerce, même d'office (art. 456 *in fine*).

— Mais le failli peut n'avoir pas été dispensé de la détention par le jugement déclaratif; est-ce à dire que cette détention sera nécessairement maintenue? Non, sans doute, et dès qu'il est constant qu'il n'y a ni justice ni utilité à ce qu'elle subsiste, elle ne doit pas continuer.

Ainsi le juge commissaire, d'après l'état apparent des affaires du failli, pourra proposer sa mise en liberté avec sauf-conduit provisoire de sa personne. Si le tribunal l'accorde, il pourra obliger le failli à fournir caution de se représenter, sous peine de paiement d'une somme que le tribunal arbitrera et qui sera dévolue à la masse.

Si le juge commissaire ne propose pas l'élargissement, le failli peut lui-même le demander au tribunal de commerce qui statuera, en audience publique, après avoir entendu le juge commissaire; le tout, sans préjudice du droit des créanciers d'intervenir à l'instance et d'y présenter des moyens d'opposition à la délivrance du sauf-conduit.

Nous dirons, à ce propos, que la circonstance que le failli aurait réussi à se soustraire à l'exécution de la disposition du jugement déclaratif qui le condamne à être incarcéré, ne serait pas suffisante pour motiver seule le refus d'un sauf-conduit (1).

Le tribunal, après avoir accordé au failli sa mise en liberté et ce qu'on appelle un sauf-conduit provisoire, pourra révoquer cette faveur, soit d'office, soit sur la proposition du juge commissaire ou la demande de quelque créancier, s'il a de justes motifs; si, par exemple, la découverte de nouvelles pièces démontrait énergiquement que le failli a agi frauduleusement.

— Mais le tribunal peut-il accorder la liberté avec sauf-con-

(1) Demangeat sur Bravard, t. V, p. 149. — Renouard, t. I, p. 185. — Bédarride, t. I, p. 291.

duit provisoire au failli qui, avant le jugement déclaratif, aurait déjà été incarcéré à la requête d'un créancier (1) ?

Nous supposons, bien entendu, pour poser cette question, que le créancier avait exercé la contrainte par corps dans un des cas où elle est encore permise.

Une première opinion admet la négative et invoque l'article 456 *a contrario*. Il faut, dit-elle, non-seulement que le failli ait fait sa déclaration et déposé son bilan, mais qu'il n'ait pas été en état d'incarcération au moment de la déclaration de faillite. La loi, ajoute-t-on, n'a pas voulu qu'on pût anéantir les droits acquis à un créancier, même en raison de l'indulgence et de la faveur dont un débiteur peut être digne.

L'opinion contraire nous semble préférable. En effet, premièrement, on n'enlève aucun droit au créancier, car depuis le dessaisissement, le failli ne peut plus payer ; il est donc inutile de maintenir contre lui une voie d'exécution sans résultat ; et secondement, la disposition de l'art. 456 détermine simplement les mesures à prendre par le jugement déclaratif lui-même à l'égard du failli, mais ne fait point obstacle à ce que, postérieurement, le tribunal de commerce touché de ses malheurs et de sa bonne foi, le rende à la liberté (2).

---

(1) Il est sensible qu'un sauf-conduit ne pourra jamais être accordé au failli incarcéré antérieurement pour crime ou délit.

(2) Paris, 31 août 1839. — Cach, 19 février 1859. Bravard et Demangeat, t. V, p. 150. — Renouard, t. I, p. 484. — Bédarride, t. I, nos 295 et 296. — Dalloz, *Jurisp. gén.* Vo Faillite, no 889. — Alauzet, t. IV, no 1734.

CHAPITRE II.

DES EFFETS DE LA CESSATION DE PAIEMENTS.

GÉNÉRALITÉS.

A. Objet du chapitre. — **B.** Théorie générale de la loi sur les effets de la cessation de paiements. — **C.** Historique.

A. — Le jugement déclaratif de faillite dont nous venons d'étudier les conséquences pour l'avenir, en même temps qu'il est le point de départ du dessaisissement, constate un état de choses préexistant : la cessation de paiements ; il ne peut, en effet, déclarer la faillite qu'après avoir reconnu que le commerçant a cessé ses paiements. Or, il peut se faire qu'il découvre en même temps que le commerçant était dans cet état depuis fort longtemps déjà.

C'est le sort des actes qui ont pu être faits dans l'espace de temps qui sépare la cessation de paiements du jugement déclaratif, que nous nous proposons d'étudier dans ce chapitre.

La loi les a réglés d'une manière particulière, dans le but de protéger la masse contre les efforts frauduleux du failli pour la frustrer des biens qui doivent lui appartenir, et avantager à ses dépens des créanciers préférés.

Nous n'entrerons pas, sur la fixation précise de l'époque de la cessation de paiements et sur la manière dont cette fixation est faite, dans une étude qui sortirait du cadre que nous nous sommes tracé.

Nous supposerons que cette époque est exactement ou plutôt irrévocablement déterminée. Nous ne nous occuperons donc pas de savoir à la suite de quelles péripéties la date de la cessation de paiements est devenue définitive, nous étudierons simplement ses effets, quand elle l'est devenue.

13. — Le système général de la loi se formule ainsi : Il y a certains actes qui sont de telle nature qu'ils doivent être déclarés nuls par cela seul qu'ils sont postérieurs à la cessation de paiements ou qu'ils ont précédé cette cessation seulement de quelques jours. Art. 446 C. de Com.)

Quant aux autres, ils ne sont qu'annulables, et encore à deux conditions : C'est qu'ils aient été passés *depuis* la cessation de paiements et que les tiers qui ont traité avec le débiteur aient eu connaissance de cette cessation. (Art. 447 C. de Com.)

(Enfin il y a certains actes spéciaux, les inscriptions de privilége ou d'hypothèque, qui sont annulables suivant des règles particulières, quand ils ont été faits depuis l'époque de la cessation de paiements ou dans les dix jours qui précèdent. — Nous avons réservé toutes nos explications à l'égard de ces actes pour le dernier chapitre de notre étude; nous n'en parlerons donc pas davantage ici.)

Ce système se justifie très-bien dans sa composition, quoiqu'il s'écarte sur plusieurs points du droit commun ; mais les différences viennent de la position spéciale dans laquelle se trouve un commerçant vis-à vis de ses créanciers.

En matière civile, nous trouvons relativement à la fraude en général, un principe dominant : « *La fraude ne se présume pas* » Il est fondé sur les idées suivantes : Les créanciers, s'ils redoutent que leur débiteur ne devienne ou ne se rende insolvable, peuvent se faire donner des sûretés pour les garantir contre cette insolvabilité, mais au cas où ils ne l'ont pas fait, c'est qu'ils ont suivi la foi de leur débiteur; c'est qu'ils ont eu confiance en lui. Si donc ils viennent prétendre que leur débiteur a trompé cette confiance par des actes frauduleux, la loi déclare que ce sera à eux à prouver la fraude, car l'absence de précautions de leur part est contre eux une sorte de présomption que cette fraude n'était pas à craindre.

D'ailleurs la solution du Code civil se justifie par d'autres considérations.

Les créanciers d'un débiteur non commerçant sont, en général, domiciliés très-près de lui, ils le connaissent ; ils peuvent donc surveiller ses actes et se procurer facilement les preuves de sa fraude. Puis les créanciers d'un semblable débiteur ne sont généralement pas nombreux, et les actes qu'il fait ne sont pas assez multipliés pour que la nécessité de prouver la fraude donné lieu à des procès par trop fréquents.

Mais en matière commerciale, la position est toute différente. En raison du crédit commercial, de la nature et de la rapidité des opérations, les créanciers sont forcés de suivre la foi de leurs débiteurs ; ils ne peuvent exiger les sûretés qui leur seraient le plus souvent refusées. De plus, les créanciers sont ordinairement domiciliés à de très-grandes distances du commerçant leur obligé ; comment pourraient-ils se procurer les documents nécessaires pour prouver la fraude de celui avec lequel ils ont contracté. Il faut ajouter que le nombre des actes et le nombre des créances sont si grands, que l'obligation d'intenter autant d'actions qu'il y aurait eu d'actes susceptibles d'être annulés aurait, en multipliant les procès, occasionné des frais énormes, et par là absorbé la plus grande partie de l'actif. Ces données ont amené à renverser, en matière de faillite, le principe général que nous avons posé plus haut

On a dû établir en faveur des créanciers d'un commerçant qui a cessé ses paiements, le principe de l'égalité entre tous. La loi ne veut pas que certains créanciers qui, à raison peut-être de leur proximité du failli, ont eu connaissance les premiers de la cessation de paiements, puissent se faire payer ou se faire donner des compensations au détriment des créanciers plus éloignés qui n'ont commis aucune faute et qui n'ont eu d'autre tort que de n'avoir pas connu le péril de leurs créances au moment où il se manifestait. C'est pourquoi elle décide que

à partir d'une certaine époque, certains actes suspects en eux-
mêmes seront nuls de plein droit, comme blessant le principe
d'égalité qu'elle consacre, et que, sans conteste, tous les autres
actes quels qu'ils soient, s'ils constituent une infraction com-
mise en connaissance de cause à ce principe, pourront être
annulés.

La loi a même été plus loin, et considérant qu'il y a des
actes que le failli ne peut faire de bonne foi à une époque
rapprochée de la cessation des paiements ; considérant, d'autre
part, que l'on prive seulement les tiers d'une occasion de
s'enrichir, mais qu'on ne leur inflige pas de perte, en annulant
de pareils actes ; elle a déclaré que s'ils ont été passés dans un
délai qu'elle a fixé à dix jours avant la cessation de paiements,
ils seront nuls comme frauduleux et comme attentatoires aux
droits légitimes des créanciers (1). De là l'ensemble des dispositions dont nous avons donné déjà l'analyse.

Tel est l'aspect général de la théorie de la loi et nous verrons,
à mesure que nous entrerons dans ses applications, qu'elle n'a
pas manqué son but, et qu'elle a dignement complété par ses
dispositions relativement à l'état que crée au failli la cessation
de ses paiements, l'ensemble des précautions qu'elle prend
partout pour sauver les créanciers de sa mauvaise foi et de ses
manœuvres indélicates.

C. — Cette théorie des nullités spéciales à la faillite a son origine dans l'ancien droit. Elle se manifeste pour la première fois
dans un règlement adopté par les commerçants de Lyon en
1667, homologué par un arrêt du conseil du 7 juillet de la
même année, et particulier à la ville de Lyon.

Ce règlement portait que « toute cession et transport sur les
effets du failli seraient nuls s'ils n'étaient faits dix jours au
moins avant la faillite publiquement connue. »

(1) Nous rappelons que nous avons réservé pour un chapitre spécia
l'explication des règles concernant la nullité des inscriptions hypothécaires.

La même disposition reparaît dans l'ordonnance de 1673 dont l'art. 4, titre XI, s'exprime ainsi : « Déclarons nuls tous transports, cessions, ventes et donations de biens meubles ou immeubles faits en fraude des créanciers. Voulons qu'ils soient rapportés à la masse commune des effets »

Comment fallait-il entendre l'ordonnance ? Changeait-elle le droit romain et les principes de l'action Paulienne, ou édictait-elle une nullité de plein droit non subordonnée à la preuve de la fraude ? C'est un point obscur qui a été diversement résolu par les auteurs (1).

La déclaration de 1702 fit disparaître cette obscurité, elle généralisa le principe posé dans le règlement de 1667, art. 13, et s'occupa des constitutions d'hypothèque dont ne parlait pas ce règlement : « A ces causes, déclarons et ordonnons que toutes cessions et transports sur les biens des marchands qui font faillite seront nuls et de nulle valeur s'ils ne sont faits dix jours au moins avant la faillite publiquement connue ; comme aussi que les actes et obligations qu'ils passeront par devant notaire au profit de quelques-uns de leurs créanciers ou pour contracter de nouvelles dettes, ensemble les sentences qui seront rendues contre eux, n'acquèreront aucune hypothèque ni préférence sur les chirographaires, si lesdits actes et obligations ne sont passés et si lesdites sentences ne sont rendues pareillement dix jours au moins avant la faillite publiquement connue. »

Cette déclaration qui consacre dans des termes formels les nullités de p'ein droit et fait remonter ces nullités à dix jours avant l'époque de la faillite connue, est la source des dispositions du Code de commerce.

Le Code de 1808 reproduit dans les art. 443 à 447 inclusivement, les dispositions de la déclaration de 1702. Ces cinq

---

(1) Bravard, t. V, p. 205, admet que l'ordonnance de 1673 a innové. Contra. Locré. *Esprit du Code de commerce*, t. III, p. 87. — Massé, t. III, n° 1213. — Dédarride, t. I, n° 101.

articles parlent toujours d'actes faits dans les dix jours qui précèdent l'ouverture de la faillite ; les nullités spéciales dont il s'agit ne peuvent, en effet, s'appliquer qu'à ceux-là, puisque tous les actes postérieurs sont déclarés nuls de plein droit à cause du dessaisissement qui date, à cette époque, de la cessation des paiements.

Sous le Code de 1808 le point de départ des nullités n'est plus, comme sous l'empire de la déclaration de 1702, fixé par la notoriété de la faillite, mais par son ouverture établie par certains indices matériels.

De plus à la différence de la déclaration de 1702, le Code de 1808 (art. 444 et suiv.), distingue les actes à titre onéreux des actes à titre gratuit ; ces derniers sont toujours nuls, tandis que les autres ne le sont que s'ils sont frauduleux. Du reste, l'art. 441 consacre une distinction déjà admise par la jurisprudence, c'est que ces nullités établies en faveur de la masse, ne peuvent être invoquées que par elle et jamais par le débiteur.

La loi de 1838, qui est la législation actuelle, a amélioré encore le système du Code de 1808.

Ce système avait plusieurs défauts. Le premier était de donner une trop grande extension, une trop grande portée d'action au dessaisissement qui partait alors de la cessation de paiements, et le second de frapper d'une nullité de plein droit des actes loyaux qui auraient dû être à l'abri d'une semblable atteinte.

Nous avons déjà exposé, d'une manière générale, quels sont les principes que la loi nouvelle a adoptés pour remédier à ces inconvénients ; comment elle a reporté l'époque du dessaisissement au jour même du jugement déclaratif ; comment, pour la période qui précède ce jugement, elle a restreint les nullités à certains actes spéciaux ; comment, enfin, elle n'annule rétroactivement les actes faits dans les dix jours qui précèdent la cessation des paiements qu'autant que cette rétroactivité n'inflige pas une perte au tiers. Constatons maintenant, en terminant cette section, que les nullités de la loi de 1838 comme celles du Code de 1808, n'existent que par rapport à la masse des créanciers et que le failli ne peut jamais les invoquer, et entrons dans l'étude détaillée des applications que fait le Code nouveau des principes sur lesquels il se fonde.

Pour mettre de l'ordre dans cette étude, nous la diviserons en deux sections.

La première traitera des nullités de plein droit. La deuxième des nullités qui sont subordonnées à la connaissance de la cessation de paiements.

Mais nous laisserons de côté ici, pour en parler dans notre troisième chapitre, tout ce qui pourrait se rattacher à la théorie de la nullité des inscriptions hypothécaires.

SECTION I.

DES NULLITÉS DE PLEIN DROIT.

A. Conséquences du caractère et du but de ces nullités. — **B.** Énumération des actes qui en sont frappés. Examen critique de la loi à propos de chacun d'eux. — **C.** Si les nullités de l'art. 446 sont *in rem* ou *in personam*. — **D.** Conséquences de ce que l'art. 446 édictant des nullités, doit être interprété d'une manière restrictive.

A. — L'article 446, par ses premiers mots : « Sont nuls et sans effet, etc.. » ne nous laisse aucun doute sur le caractère de la nullité qu'il édicte.

Il s'agit là d'une nullité de plein droit, et pourvu que les créanciers démontrent que l'acte qu'ils attaquent est un de ceux déterminés par l'article et a été fait dans l'époque suspecte qu'il a circonscrite, c'est assez ; ils triompheront de toute nécessité.

La loi n'a laissé au juge aucun pouvoir discrétionnaire ; la bonne foi des tiers, les circonstances dans lesquelles l'acte a été passé ne servent de rien. Le tribunal constate et la loi prononce. Il en est des actes dont nous parlons ce qu'il en est de ceux qui ont été faits par le failli après le jugement déclaratif. L'ass'milation entre eux est complète ; aussi, pour ceux-là comme pour ceux-ci, nous constatons qu'ils ne sont annulables que relativement à la masse (ce sont les termes mêmes de l'art. 446), et non relativement au débiteur.

La jurisprudence fait souvent l'application de ce principe. Ainsi une hypothèque a été consentie par le failli après la cessation de paiements pour une dette antérieurement contractée, elle a été ensuite annulée sur la demande des syndics (art. 446, al. 4), puis le failli obtient un concordat qui le remet à la tête de ses affaires ; sera-t-il écarté, s'il assigne en radiation d'inscription le créancier au profit duquel il a constitué l'hypothèque qui a été ensuite annulée dans l'intérêt de la masse ? Oui certainement, car par rapport à lui, cette hypothèque n'a jamais cessé d'être valable (1).

Ainsi encore, il résulte d'un arrêt de la Cour d'Orléans du 16 juin 1852, que ni le failli, ni sa femme obligée solidairement avec lui, ne peuvent se prévaloir de la nullité d'une obligation contractée par eux après la cessation de paiements ou dans les dix jours qui précèdent ; et que, au cas spécial où la femme aurait subrogé le créancier de l'obligation à son hypothèque légale, la nullité de l'engagement prononcé à l'égard de la masse n'empêchera pas la femme d'être tenue de l'exécuter sur ses biens personnels, droits, créances et reprises, dès qu'il sera exigible, et n'éteindra pas la subrogation qu'elle a consentie.

Toujours dans le même ordre d'idées, un arrêt de la Cour de Cassation du 17 juillet 1861 proclame que les syndics de la faillite ont seuls qualité pour demander la nullité des actes qui tombent sous l'application de l'art. 446.

(1) Rejet, 13 juillet 1837.

B. — Mais quels sont les actes que l'art. 446 frappe de nullité ?

Ils ont tous un caractère commun.

Ainsi ils sont tous suspects de fraude, dommageables pour la masse au détriment de laquelle ils font sortir des valeurs du patrimoine du failli, sans y faire rien rentrer. En un mot, ce sont des actes à titre gratuit, des actes que le failli ne peut loyalement faire à un moment où il a déjà cessé ses paiements ou bien où il va les cesser. L'annulation de ces actes, nous l'avons déjà fait remarquer, ne cause pas de perte à ceux en faveur desquels ils avaient été faits ; elle leur enlève seulement un gain et les prive d'un bénéfice qu'il aurait été injuste qu'ils fissent alors que tous les créanciers en auraient souffert.

Sont donc nuls et sans effet, relativement à la masse, etc., « tous actes translatifs de propriétés mobilières ou immobilières à titre gratuit ;

» Tous paiements, soit en espèces, soit par transport, vente, compensation ou autrement, pour dettes non échues, et pour dettes échues, tous paiements faits autrement qu'en espèces ou effets de commerce ;

» Toute hypothèque conventionnelle ou judiciaire, et tous droits d'antichrèse ou de nantissement constitués sur les biens du débiteur pour dettes antérieurement contractées. »

— I. Le législateur annule d'abord les donations.

C'est qu'en effet, c'est dans ces actes que se manifeste de la manière la plus saisissante l'opportunité de son système.

Un débiteur qui a cessé ses paiements ou qui va les cesser, et qui fait des donations, est un homme déloyal, car il sait fort bien que par ses libéralités, il amoindrit ce qui lui reste, et fait sortir de son actif au détriment de ses créanciers des valeurs dont il enrichit injustement des personnes à qui il ne doit rien.

Le Code de 1808 n'annulait expressément que les donations

immobilières, de là discussion sur le point de savoir s'il s'appliquait aussi aux donations mobilières ; le Code de 1838 a éteint la difficulté. La loi dit, en effet : « tous actes translatifs de propriétés mobilières ou immobilières. » On a pensé qu'il n'y avait pas de motif pour ne pas annuler les transmissions de propriétés mobilières comme les autres, d'autant plus qu'en raison de la facilité avec laquelle elles se dissimulent, elles sont bien plus dangereuses pour la masse. Mais la rédaction ne vaut pas l'innovation, et les termes restrictifs : « *tous actes translatifs de propriétés* » ont fait douter que la loi s'appliquât dans l'hypothèse où un commerçant aurait fait des libéralités sans avoir transféré de propriété. Nous déciderons pourtant sans hésiter qu'il n'y a dans l'article 446 qu'un vice de rédaction et nous dirons que si, par exemple, un commerçant a contracté une obligation sans cause sérieuse, s'il a fait remise d'une dette, s'il a concédé gratuitement un droit d'usufruit ou de servitude ou renoncé à l'un de ces mêmes droits, il a fait des libéralités qui tombent sous le coup de l'art. 446 al. 2 et sont dès lors nulles de plein droit.

Cette solution découle d'abord de l'intention du législateur et des motifs généraux que nous avons exposés plus haut ; elle résulte aussi de l'art. 447 *a contrario*, qui en ne visant que les actes à titre onéreux, témoigne suffisamment que les actes à titre gratuit sont en dehors de la règle qu'il pose et ont été tous réglementés par l'art. 446.

Il aurait donc fallu dire au lieu de : « tous actes translatifs, etc. » ; « tous actes à titre gratuit. »

Il ne faut pas perdre de vue, dans cette matière, les règles particulières à la donation. Nous savons que la publication et l'acceptation d'une donation peuvent se trouver dans deux actes distincts, et que quand l'acceptation n'a pas lieu en même temps que la pollicitation elle doit être notifiée au donateur.

C'est seulement, suivant nous, quand cette notification a été faite que le donateur est dépouillé ; nous en concluons que toutes les fois que le donateur aura cessé ses paiements ou sera sur le point de les cesser, avant d'avoir reçu la notification de l'acceptation, la donation sera nulle de plein droit (1).

— Les donations faites en faveur du mariage tombent-elles sous le coup de l'art. 446 du C. de com.; ou bien, leur nature particulière les affranchit-elle de son atteinte ?

Cette question a donné lieu à des solutions très-diverses dans la jurisprudence.

Les donations faites en faveur du mariage (par contrat de mariage ou par acte séparé) ont, en effet, un caractère mixte (2), et suivant qu'on les considère sous un aspect ou sous un autre, on est plus tenté de les rapprocher du contrat à titre onéreux, ou plus porté à les assimiler à une véritable donation.

Ainsi si l'on considère qu'elles procurent au donataire le moyen de subvenir aux charges du mariage, qu'elles sont faites sous la condition que le donataire supportera ces charges, que le donateur doit compter les intérêts des sommes qu'il a données, du jour du mariage, au cas où il n'aurait pas versé le montant de sa donation pour ce jour, enfin qu'il est obligé à la garantie envers le donataire (art. 1440 et 1547); on est amené à reconnaître que les donations faites en faveur du mariage ont beaucoup de points de ressemblance avec le contrat à titre onéreux; aussi certains auteurs ont-ils soutenu que c'était un contrat de cette sorte (3).

Mais le caractère prédominant de ces donations est cependant, suivant nous, celui d'acte à titre gratuit (4).

(1) Aubry et Rau, t. V, p. 451, — Demolombe, t. III, n°s 133 et suiv. — *Contrà.* Demante, t. IV, n° 71 bis. — Duranton, t. VIII, n° 6.

(2) Mais il est incontestable qu'au point de vue du constituant elles sont des actes à titre gratuit. Il se dépouille sans rien recevoir.

(3) Aubry et Rau, t. III, p. 93, 94.

(4) Dans un troisième système on a voulu prétendre que la constitution de dot était un acte à titre onéreux du côté du mari et à titre gratuit du côté de la femme. On s'est fondé sur la loi 25, § 1 (44. 8), *Quæ in fraudem creditorum.* Mais le jurisconsulte n'était pas bien formel à l'égard de la femme (*quidam existimant*, etc.).

En effet, elles ne font rentrer aucun équivalent, elles sont sujettes au rapport, à la réduction 'art. 1090) et à la révocation pour cause de survenance d'enfants. Enfin la personne de qui elles émanent, fût-elle l'ascendant du futur conjoint n'était nullement tenue de les faire.

Or ici puisque nous recherchons la nature d'un acte il faut surtout s'attacher au caractère prédominant qu'on trouve en lui, et puisque la donation en faveur du mariage est plutôt une donation qu'autre chose, nous appliquerons l'art. 446 et nous frapperons cette libéralité d'une nullité de plein droit.

Cette solution s'accorde très-bien avec les termes généraux de la loi : « tous actes », termes qui ne distinguent pas entre les actes à titre uniquement gratuit et ceux où le caractère de gratuité n'apparaît pas pur et qui offrent quelques analogies avec les actes à titre onéreux. Du reste, elle se justifie très-bien en raison, car à l'égard des créanciers de la masse, il n'y a aucune différence entre une donation faite en faveur du mariage, et une autre ; la première ne leur nuit pas moins que la seconde et fait sortir comme elle du patrimoine du failli une valeur qui n'y est remplacée par aucun équivalent ; les mêmes motifs militent donc dans les deux cas avec une égale force, dans le sens de la nullité absolue édictée par l'article 446 (1).

Mais tout en admettant cette opinion nous rejetons un des arguments principaux sur lesquels certains auteurs la fondent.

Ils disent : si les rédacteurs n'avaient pas compris dans l'art. 446 les donations en faveur du mariage, cet article serait une lettre morte parce que les donations ordinaires déjà très-rares de la part des non-commerçants sont presque sans exemple de la part des commerçants.

Or pour nous cette raison est sans valeur, et nous estimons

(1) Cette dernière raison nous semble tout à fait démonstrative, et elle doit subsister, quelque parti qu'on prenne sur la nature de la constitution de dot, relativement à la femme ou au mari ; car en matière de faillite le législateur se place principalement au point de vue du failli, qui est ici le constituant de la libéralité, pour apprécier les effets que ses actes produisent.

que s'il n'eût visé que les donations ordinaires, l'art. 446 eût été fort utile, car ce que le commerçant ne ferait pas habituellement, il le fera très-bien lorsqu'il sera en état de cessation de paiements, en haine de ses créanciers, ou en vue de favoriser à leur préjudice une personne qui lui est chère ou qui lui a fait espérer ses bons offices en échange (1).

— Mais peut-on faire au moins exception au principe pour les donations rémunératoires? Nous ne le pensons pas; on ne peut favoriser ceux à qui, en droit, il n'est rien dû, quelque méritants qu'ils soient, en soustrayant à d'autres une partie de ce qu'on leur doit.

II. Parlons maintenant des paiements.

Sont nuls de plein droit les paiements de dettes *non échues*.

La loi a voulu annuler ces paiements pour deux raisons. La première est que le débiteur qui paye sa dette avant l'échéance fait, en somme, une libéralité à son créancier; la seconde c'est que le débiteur qui a suspendu ses paiements ou va les suspendre, agit frauduleusement en faisant cette libéralité, car il veut favoriser un créancier aux dépens des autres.

Mais qu'est-ce qu'une dette non échue?

C'est une dette que le créancier avait le droit d'exiger en justice, ou, ce qui revient au même, que le débiteur pouvait être forcé de payer le jour même ou le paiement en a été fait et reçu.

Conséquemment si le débiteur a fait un paiement anticipé pour profiter d'un escompte que lui avait promis le créancier, il a payé une dette non échue (2).

Il en est de même du cas où un commerçant ayant remis à

(1) Bravard et Demangeat, t. V, p. 128. — Dalloz, Juris. gén. V° faillite, n° 777. — Rataud à son cours. — Jurisprudence variable; mais contre notre doctrine : Req. 23 février 1845. Cass. 2 mai 1847.

(2) Delamarre et Lepoitvin, t. VI, n° 146. Bravard et Demangeat, t. V, p. 211 et suiv. — *Contrà*, Massé, t. II, n° 1222.

son créancier une reconnaissance payable à un certain délai de vue l'a acquittée à présentation (1).

Ainsi dans tous les cas où il n'y a pas exigibilité, le paiement qui serait fait au failli est un paiement anticipé et de par l'art. 446 nul de plein droit (2).

Peu importe d'ailleurs, pour l'application de l'art. 446, la nature des dettes payées ; qu'elles soient commerciales ou civiles, dès qu'elles sont non échues, le paiement qui en est fait dans les conditions que nous avons indiquées est nul relativement à la masse des créanciers.

Peu importe également le mode de paiement, que ce soit en espèces, que ce soit par transport, vente, compensation ou autrement (art. 446); s'il s'agit d'une dette non échue, cela suffit. Le légillateur a vu avec défiance la dation en paiement, même lorsqu'il s'agit de dettes échues (nous en verrons les motifs dans un instant), il la déclare nulle alors pourtant qu'il maintient le paiement de semblables dettes qui aurait été fait en espèces ou effets de commerce ; à plus forte raison devait-il déclarer la dation en paiement nulle dans le cas où il déclare le paiement en espèces lui-même nul ; du reste, l'art. 446 ne laisse aucun doute sur ce point.

Mais il est indispensable de donner quelques explications sur les expressions employées par la loi ; car elle ne s'est pas servie textuellement des mots : *dations en paiement*, que nous avons employés jusqu'ici.

Il est facile de se convaincre cependant, que nous n'avons pas à réformer notre terminologie, car ce que le législateur appelle improprement un *paiement par transport* est une dation en paiement, puisque pour obtenir sa libération le débiteur cède à son créancier une créance qu'il avait sur un tiers.

Ainsi une délégation est une dation en paiement et est nulle

<hr>

(1) Orléans, 26 juillet 1859.
(2) Nous verrons en expliquant l'article 447 quel est, en cas inverse, le sort du paiement fait au créancier failli, d'une dette non échue.

si elle est faite après la cessation de paiements, ou dans les
dix jours qui précèdent; mais que dirons-nous si une cession a
été faite avant les dix jours et signifiée après (art. 1690)? Nous
pensons qu'elle est valable, car elle n'est pas frauduleuse et
dès lors elle ne peut être atteinte par une loi qui comme la
nôtre ne détruit que les actes frauduleux (1).

De même quand le débiteur vend à son créancier un meuble ou un immeuble moyennant sa libération, il a fait une
dation en paiement, il a éteint sa dette par ce moyen.

Par application de cette idée, nous dirons que si un commerçant a envoyé des marchandises en paiement à son créancier, qu'il les lui ait expédiées purement et simplement ou
qu'il lui ait donné mandat de les vendre et de se payer sur le
prix, il a fait une dation en paiement (2).

Il faut dire encore que le paiement par compensation,
c'est-à-dire celui dans lequel le débiteur se libère en abandon-
nant en échange de ce qu'il doit à son créancier la créance
qu'il a sur lui (en lui donner quittance, par exemple), est une
dation en paiement.

Il est évident que le législateur n'a entendu s'occuper dans
l'art. 446 que de la compensation conventionnelle, facultative ;
notre article n'a pas pu viser la compensation légale.

Une fois, en effet, les conditions de l'art. 1291 réunies,
l'état de cessation de paiements de l'un des *créanciers-débi-
teurs* ne peut empêcher la compensation de se produire.

Les auteurs de la loi de 1838 l'ont reconnu formellement (3)
et leur déclaration sur ce point pouvait d'ailleurs se suppléer
aisément. Car la fraude qu'ils ont voulu déjouer par l'art. 446
ne peut avoir lieu dans la compensation légale qui est l'œuvre
non des parties, mais de la loi elle-même

— L'art. 446 n'a pas donné une énumération complète, les

(1) Demangeat, t. V, p. 228. — *Contrà*, Bédarride, t. I, nos 113 et
suiv. — Renouard, t. I, p. 378 et suiv.
(2) Cass. 30 mai 1849.
(3) Séance du 29 mars 1838.

mots : « ou autrement », nous le démontrent et laissent aux juges toute latitude.

Aussi si un commerçant a acheté des marchandises qui lui ont été livrées et ont été transportées dans ses magasins, et que ne pouvant les payer il a rendu les marchandises à ses vendeurs pour se libérer, il y a là *un paiement par résolution* qui donne ouverture à l'application de l'art. 446.

Nous avons parlé jusqu'ici des dettes non échues, au cas où la dette est échue la théorie change et la sphère d'action de la nullité de plein droit diminue. L'art. 446 s'exprime ainsi : « Sont nuls tous paiements faits pour dettes échues autrement qu'en espèces ou effets de commerce ».

Pourquoi donc se montrer plus rigoureux pour les dations en paiement que pour les paiements ?

Il y en a plusieurs raisons.

Le débiteur qui paye sa dette suivant les termes de son obligation fait un acte qu'il est forcé de faire. De même le créancier qui reçoit son paiement est tenu de le recevoir. Ils ne sont donc ni l'un ni l'autre suspects, puisqu'ils n'ont rien fait que de très loyal et de très naturel, puisqu'ils ne sont arrivés à l'extinction de l'obligation que par la voie normale et prévue.

Mais quand le débiteur donne à son créancier, au lieu de ce qu'il doit payer, un équivalent que celui-ci pourrait refuser et qu'il a néanmoins accepté, c'est qu'il y a entre eux un accord de volontés qu'on peut soupçonner justement, car rien ne montre que l'objet presté n'a pas une valeur supérieure à celle de l'objet dû, et que le débiteur n'a pas dès lors avantagé son créancier.

Et puis, il est impossible que l'état du débiteur ne soit pas révélé au créancier par l'offre qui lui est faite de le désintéresser au moyen de l'abandon d'objets mobiliers ou immobiliers ; sa bonne foi ne peut plus être entière en présence d'une offre si significative, tandis que quand il reçoit ce qui lui est dû, ce n'est certes pas par ce paiement qu'il pourra apprendre que son débiteur fait de mauvaises affaires, et on devra le supposer de bonne foi jusqu'à preuve contraire.

Ces considérations expliquent donc très bien la loi, du moins pour le paiement en espèces. La loi assimile à ces paiements les paiements en effets de commerce qui ne sont pourtant, en dernière analyse, que des dations en paiement. L'assimilation se justifie par la remarque que les effets de commerce, lettres de change, billets à ordre, tiennent véritablement lieu de monnaie métallique, et que ce mode de libération, bien qu'il exige le consentement du créancier, est passé profondément dans les usages commerciaux.

Nous déciderons par voie d'analogie, que si un commerçant qui a un compte chez un banquier et qui paye d'habitude ses créanciers par des bons sur ce banquier, a remis depuis la cessation de paiements ou dans les dix jours qui précèdent, un de ces bons à l'un d'eux pour le payer de ce qu'il lui doit, il a payé valablement (1).

III. La dernière catégorie d'actes nuls de plein droit comprend toutes les hypothèques conventionnelles ou judiciaires, tous les droits d'antichrèse ou de nantissement constitués sur les biens du débiteur *pour dettes antérieurement contractées*.

Ces derniers mots constituent une innovation très-importante. Sous l'empire de la déclaration de 1702, toutes les causes de préférence qui n'avaient pas été constituées dix jours au moins avant que la faillite ne fût *publiquement connue*, étaient nulles de plein droit.

Le Code de 1808, art. 443, avait adopté la règle absolue de cette déclaration, il était général dans sa prohibition tant à l'égard des personnes qu'à l'égard des causes de préférence ; « nul ne peut acquérir privilége ou hypothèque » ; disait-il.

Un système aussi rigoureux avait produit de graves inconvénients et de graves injustices, et les jurisconsultes avaient

(1) Bédarride, t. I, n° 113 bis. — Demangeat sur Bravard, t. V, p. 229.

cherché bien des moyens, tous arbitraires, de tourner et d'é-
luder la loi.

Le défaut des rédacteurs du Code de 1808 et de l'ordonnance de 1702 avait été de confondre deux cas bien distincts ;
celui où un créancier qui n'a d'abord demandé aucune garantie s'est fait constituer depuis la cessation de paiements
une hypothèque pour sûreté d'une dette préexistante et celui
où un créancier a fait de cette hypothèque, de cette sûreté, la
condition même de son contrat. Si l'on comprend, en effet, la
disposition de la loi pour le premier cas où la constitution
d'hypothèque n'intervenant qu'après coup et venant favoriser
un créancier qui n'a droit à rien, a tous les caractères d'un
acte purement gratuit, on ne la saisit plus dans le deuxième
cas, quand elle vient scinder un contrat qui doit former un tout
indivisible, supprimer une de ses conditions et maintenir les
autres sans prendre souci de ce que la clause qu'elle détruit
a été précisément la cause déterminante de celles qu'elle
laisse subsister.

Le système admis jusqu'en 1838 n'était pas seulement illogique, il avait un inconvénient pratique des plus graves. Le
crédit des commerçants, eussent-ils eu quantité d'immeubles
de grande valeur, était paralysé.

Car quand on voyait les commerçants emprunter, on sup-
posait une gêne dans leurs affaires, et craignant qu'ils ne fussent dans la période où l'hypothèque qu'ils venaient offrir eût
été nulle, craignant, en un mot, que la faillite n'éclatât dans
les dix jours, on leur refusait tout prêt et tout secours.

La loi de 1838 a rétabli les vrais principes sur ce point, elle
a distingué entre le cas où l'hypothèque est consentie après
coup pour une dette préexistante, et le cas où elle est constituée par le contrat même qui donne naissance à la créance à
laquelle elle est attachée. Dans le premier cas, elle est nulle ;
dans le second, elle est valable.

On peut reprocher à la loi de s'être exprimée ici d'une manière équivoque, par ces mots : « pour dettes antérieurement

contractées » ; aussi certains auteurs ont prétendu que l'innovation admise par elle n'avait d'application qu'au cas où la dette aurait été contractée antérieurement aux dix jours qui précèdent la cessation des paiements.

Mais outre que cette interprétation a été repoussée lors de la discussion de la loi en 1838 (1); on ne comprendrait pas la distinction de la loi sur ce point, car la validité de la dette n'étant pas contestée dans notre espèce, ce qui est en question est simplement de savoir si l'hypothèque consentie en même temps que la dette prenait naissance, sera valable comme elle ; or les motifs que nous avons exposés plus haut nous conduisent à donner la même solution dans les deux cas (2).

— L'ancien article 443 prohibait aveuglément toutes les hypothèques, même les hypothèques légales. L'article 446 a montré, par son silence à leur égard, qu'il n'avait pas reproduit cette prohibition. C'est, du reste, la conséquence de son système, car pour que l'hypothèque soit nulle de plein droit, aux termes de l'art. 446, il faut qu'elle résulte d'un acte distinct de la créance ; or, l'hypothèque légale, toute de faveur, attachée à la créance du mineur, de la femme mariée ou de l'État, etc., sera toujours concomittante à la naissance de ces créances, et, à ce titre, ne tombera pas sous le coup de la nullité.

La loi est moins logique, quand elle soumet à la même règle que l'hypothèque conventionnelle, l'hypothèque judiciaire. Sans doute, cette dernière a, comme la première, ce trait commun de ne pas prendre sa source dans la faveur attachée par la loi à la créance ; mais, à un autre point de vue, il y a une dissemblance complète.

Ainsi, jamais l'hypothèque judiciaire ne peut être concomittante à la créance proclamée par le jugement, car cette

<hr>

(1) Rapport de Quénault.
(2) Demangeat sur Bravard, t. V, p. 239. — Dalloz V° faillite, n° 294. — *Contrà*, Renouard, t. I, p. 284. — Cour de Poitiers, 16 janv. 1860.

créance est simplement constatée par lui, et l'on sait qu'il ne peut pas la créer ; dans ce cas, l'hypothèque est donc toujours constituée pour une dette antérieurement contractée ; alors que signifie la distinction posée par l'art. 446 ?

Elle signifie que toute hypothèque judiciaire est nulle si le jugement d'où elle résulte est rendu depuis la cessation des paiements ou dans les dix jours qui précèdent.

Or, cette conséquence qu'on ne peut dénier, amène des résultats désastreux et contraires au principe de l'égalité entre les créanciers.

Supposons que deux demandes contre un commerçant ont été présentées le même jour, l'une à un tribunal civil, l'autre à un tribunal de commerce. En raison de la marche rapide de la procédure commerciale, ou, même en supposant qu'on ait agi devant deux tribunaux de même compétence, en raison de ce que le rôle de l'un est moins chargé que celui de l'autre, l'un a statué avant l'autre. Si la première décision a eu lieu avant les dix jours qui précèdent la cessation de paiements, elle emportera une hypothèque valable ; et si la deuxième n'est rendue qu'après cette époque, elle n'aura plus cet effet.

Ainsi l'hypothèque, dans ce cas, est accordée à un créancier et pas à l'autre, bien qu'ils méritent tous deux une égale protection, bien qu'ils aient agi tous deux le même jour, suivant un pur hasard et tout simplement parce que les juges devant lesquels s'est présenté le second créancier, ont rendu leur sentence quelques instants plus tard !

— L'art. 446 ne parle pas des priviléges. Ce silence s'explique très-bien, il vient de ce que le privilége est une qualité de la créance, qu'il en suit toujours le sort, qu'il sera nul ou valable suivant que cette créance sera maintenue ou annulée.

— Cependant, tout en exceptant de la nullité de plein droit les créanciers privilégiés, l'art. 446 laisse dans la règle les créanciers nantis, le créancier gagiste.

Le privilége du gagiste, en effet, est indépendant de la qualité de la créance, il est fondé sur la convention, il peut être constitué exactement comme l'hypothèque conventionnelle, par un contrat distinct de celui qui a donné naissance à la créance et pour garantir toute sortes d'obligations ; il y a donc même raison de l'annuler.

Du reste, en examinant bien la nature du gage, on peut se convaincre qu'il a beaucoup plus de ressemblance avec les hypothèques qu'avec les priviléges. Lorsque, par exemple, un objet a été donné en gage à plusieurs personnes, pour apprécier le droit de préférence des créanciers gagistes on n'examinera pas quelle est la qualité de leurs créances, on appliquera la règle « *potior tempore, potior jure.* »

Les rédacteurs de l'art. 446 ont donc mis le gage à sa véritable place en le traitant comme l'hypothèque conventionnelle. Par conséquent, si un débiteur aujourd'hui en faillite, a donné en gage une chose corporelle, il suffit que l'acte constitutif de gage ait date certaine plus de dix jours avant la cessation de paiements pour que la nullité de plein droit soit inapplicable. La remise effective de la chose peut d'ailleurs être postérieure à la cessation des paiements

De même, il suffit que l'acte constitutif du transport d'un droit de créance en garantie ait date certaine avant les dix jours qui précèdent la cessation de paiements, pour qu'il soit valable , et la signification du transport peut très bien avoir lieu plus tard (1).

— La nullité de l'art 446 atteint aussi l'antichrèse constituée depuis la cessation de paiements ou dans les dix jours précédents.

Le Code de 1808 (art. 443) n'en parlait pas, probablement parce qu'il considérait que l'antichrésiste ne faisant son profit que des fruits et, n'étant pas préféré sur le prix, il était peu utile d'annuler l'antichrèse.

______

(1) Demangeat, t. V, p. 249. — Cass. 19 juillet 1848.

Mais il avait oublié que si l'antichrésiste n'a aucun droit sur le prix de l'immeuble, il peut en empêcher au moins la vente, qu'il a sur lui un droit de rétention tant qu'il n'a pas reçu intégralement son paiement, et, en attendant, qu'il peut en percevoir les fruits par imputation sur sa créance.

La loi nouvelle, frappée de ces inconvénients, admet donc pour l'antichrèse la même nullité que pour l'hypothèque conventionnelle (1) ; il était, en effet, par trop choquant qu'une dette qu'on n'aurait pu garantir par une constitution d'hypothèque opposable à la masse, pût recevoir cette sûreté spéciale : l'antichrèse, dont nous venons de montrer les effets préjudiciables pour la masse.

— Mais si les nullités frappent les hypothèques consenties par le failli dans les dix jours qui précèdent la cessation de paiements et depuis cette époque ; les mots : « constitués sur les biens du débiteur » nous apprennent, au contraire, qu'elles ne s'appliqueront pas si c'est un tiers qui est venu consentir des droits sur ses biens, en garantie de la dette du commerçant qui a cessé ses paiements. Car ici la masse n'a pas à se plaindre de ce que la position d'un créancier se trouve améliorée, puisque ce n'est pas au détriment de l'actif du failli et qu'elle n'en souffre pas.

— Les termes de l'art. 446 à cause de leur généralité, donnent lieu à une question plus importante. Cet article annule de plein droit les hypothèques constituées par le débiteur pour dettes antérieurement contractées ; mais si la dette est échue quand le débiteur consent l'hypothèque, faudrait-il maintenir cette solution ? Sans aucun doute, d'abord l'art. 446 ne distingue pas, et, du reste, de ce qu'on peut payer valablement une semblable dette par la prestation de la chose due, on ne peut conclure qu'on puisse la garantir par une hypothèque, car le créancier qui, au lieu de paiement, accepte du débiteur une

______

(1) Cette assimilation est un argument de plus en faveur de la réalité du droit d'antichrèse.

hypothèque ne peut certes pas plus invoquer sa bonne foi que celui qui le tient quitte en acceptant de lui une dation en paiement.

Le fait de constituer une sûreté, alors qu'on doit payer, ne démontre-t-il pas plus énergiquement encore que le fait de ne pas payer à l'échéance, l'impossibilité du paiement.

Toutefois, la loi s'est montrée vraiment trop rigoureuse au cas de dettes échues, aussi bien pour les dations en paiement que pour les constitutions d'hypothèques, en annulant celles qui ont été faites dans la période des dix jours qui précèdent la cessation de paiements. Assurément ici, on ne peut dire qu'il y a eu de la part du créancier, connaissance de la cessation de paiements, puisque cette cessation n'existait pas encore. Le tort de la loi est donc en ce qui regarde les dettes échues d'avoir assimilé les dations en paiement et les constitutions de sûretés, actes évidemment à titre onéreux, dans ce cas, à des actes à titre gratuit; et c'est pourtant ce qu'elle a fait en les annulant de plein droit lors même qu'elles sont antérieures à la cessation de paiements.

C. — Les nullités de plein droit dont parle l'art. 446 peuvent être opposées et à ceux qui ont traité directement avec le débiteur et à leurs ayants cause à titre particulier ; et cela sans distinguer (sinon au point de vue de l'application de l'art. 2279, Cod, civ.) si ces tiers sont ou non de bonne foi. Le texte de l'art. 446 nous amène fatalement à cette conclusion ; sa formule, en effet n'est limitée que quant aux personnes qui peuvent se prévaloir de la nullité ; elle ne l'est pas quant à celles à qui on peut l'opposer et l'on ne peut trouver une manière de s'exprimer plus significative : (« sont nuls et sans effet... ») que celle qu'il a employée.

En un mot, la nullité est *in rem*, les actes qui en sont frappés sont censés n'avoir jamais existé par rapport à la masse. Le cessionnaire qui aurait acquis à titre onéreux et de bonne foi du contractant primitif, bien qu'il soit digne d'intérêt, ne serait pas recevable à invoquer son ignorance de la cessation de paiements, car son auteur n'a pu lui transmettre plus de droits qu'il n'en avait lui-même. Les actes déclarés nuls par l'art. 446, n'ont donc pas plus d'effet que s'ils émanaient d'un *non dominus*.

D. — Nous ajouterons sur l'art. 446 une observation générale ; c'est que comme toute disposition qui prononce des nullités, il doit être interprété d'une manière restrictive et doit s'appliquer seulement au cas qu'il prévoit expressément et pas à d'autres.

SECTION II.

DES NULLITÉS SUBORDONNÉES A LA CONNAISSANCE DE LA CESSATION DE PAIEMENTS.

A. Exposé du système de la loi. Caractère de ces nullités. — **B.** Comparaison avec les nullités de l'art. 446. — **C.** Questions controversées. — **D.** Cas réglementé d'une manière spéciale par le législateur (action en rapport au cas de paiement d'une lettre de change). — **E.** Si les actes faits avant les dix jours qui précèdent la cessation de paiements sont absolument inattaquables de la part des créanciers du failli.

A. — Il n'y a que certains actes qui puissent être frappés des nullités absolues de l'art. 446 ; ils ont été soigneusement déterminés par la loi elle-même ; ce sont les actes à titre gratuit ou des actes qui ont été mis sur le même rang qu'eux comme aussi suspects qu'eux et aussi dommageables à la masse.

Au contraire, tous les actes que le débiteur a pu faire et qui sortent de cette classe, tous les actes que suppose et que nécessite l'exercice régulier du commerce, comme par exemple : le paiement des dettes échues, les aliénations, l'exécution des obligations contractées, peuvent être atteints par les nullités de nouvelle espèce dont parle l'art. 447 du Code de commerce.

Ces actes, en effet, peuvent causer dans certain cas un préjudice considérable à la masse, l'intérêt qu'elle mérite commandait donc à la loi de les apprécier avec la plus grande sévérité et de les annuler quand ils n'étaient pas irréprochables.

Elle ne pouvait pas cependant frapper d'une nullité inflexible tout ce que le débiteur avait fait jusqu'au jugement déclaratif, car par une semblable disposition elle n'eût pas tenu assez compte de la bonne foi des tiers qui n'ont peut-être pas eu connaissance de la cessation de paiements ; d'autre part elle ne pouvait pas ne pas prendre en considération que les tiers avaient pu connaître cette cessation, car, en fait, ils pouvaient en avoir été avertis.

Quel parti prendre dans ces circonstances ?

On eût laissé, de côté en ce qui concerne les créanciers le système de garanties et de protection spéciale que la loi leur accorde constamment en matière de faillite, si on leur eût appliqué le droit commun en les astreignant à prouver que le débiteur avait agi en fraude de leurs droits et que les tiers avaient été les complices de sa fraude ; aussi, a-t-on adopté un autre système :

A l'égard du débiteur, les créanciers n'ont rien à prouver. Cela se conçoit très-bien, on ne pouvait les forcer, par exemple, à démontrer qu'au moment où l'acte attaqué est intervenu le débiteur savait qu'il était en état de cessation de paiements ; car cet état est son fait, il n'a pu légalement l'ignorer, dans tous les cas s'il l'a ignoré, il est en faute (1).

Et puis cette preuve une fois administrée, on n'en pouvait pas légalement conclure que le débiteur avait fraudé, car il peut avoir cessé ses paiements et être encore solvable.

A l'égard des tiers, ils n'ont à prouver qu'une chose, c'est la connaissance que ces tiers ont eue de la cessation des paiements au moment où ils ont reçu du débiteur, ou contracté avec lui. Ce fait démontré, la mauvaise foi des tiers est présu-

(1) Conf. art. 438, 456.

mée. Dans cette hypothèse, en effet, ils ont commis sciemment une infraction à la règle de l'égalité qui doit régner désormais entre les créanciers, et c'est assez. La fraude d'ailleurs ne se conçoit guère ici. Car on ne peut pas dire que celui qui a reçu ce qu'on lui devait, même à une époque postérieure à la cessation de paiements a fait un acte frauduleux ; cela est si vrai que, en droit civil, comme on le faisait déjà d'ailleurs en droit romain, on maintient le paiement fait à l'échéance quand même celui qui l'a reçu aurait connu l'insolvabilité de son débiteur et le tort qu'il causait ainsi aux créanciers de celui-ci ; mais la mauvaise foi se conçoit au contraire fort bien, aussi lorsqu'un paiement ou un acte à titre onéreux aura été annulé en vertu de l'art. 447, le tiers obligé de restituer à la masse ce qu'il a reçu du failli devra payer les intérêts ou les fruits de la somme ou de la chose qu'il a dû rapporter, depuis le jour où il avait été mis en possession (arg. art. 1378, C. civil).

— De ce que les tiers sont à l'abri des nullités de l'art. 447 pour les actes que vise cet article, quand on ne peut pas démontrer la connaissance de la cessation de paiements, il résulte que ces nullités ne peuvent s'appliquer aux actes antérieurs à la cessation de paiements, quand même ils se placeraient dans les dix jours qui précèdent, car évidemment les tiers n'ont pas pu avoir connaissance de ce qui n'existait pas encore.

On pouvait bien, comme on le fait pour les nullités de plein droit, faire remonter la nullité antérieurement à la cessation de paiements, quand elle était fondée sur le caractère même de l'acte ; mais on ne le pouvait pas quand pour la faire valoir on était obligé de s'appuyer sur le fait des tiers d'avoir connu cette cessation puisque, encore une fois, elle n'existait pas.

— Les juges auront donc à examiner d'abord si les tiers ont été ou non de bonne foi, c'est-à-dire s'ils ont connu ou non la cessation de paiements du failli ; mais même au cas où il serait que le tiers en était averti au moment où l'acte attaqué est intervenu, il n'y aura pas là une cause de nullité nécessaire; les juges pourront encore ne pas la prononcer (arg. des mots : « pourront être annulés ») ; et c'est même ce qu'ils devront faire si l'acte n'a causé à la masse aucun préjudice. Ce pouvoir discrétionnaire leur a été formellement reconnu lors de la discussion de la loi et le mot : « pourront », qu'on attaquait, a été maintenu à dessein dans la rédaction définitive.

Avec la solution contraire on fût arrivé à bien des injustices. Ainsi, par exemple : le failli a vendu un meuble, et avec le prix de cette vente il a racheté un autre meuble de même valeur qu'il peut représenter au moment où sa faillite est déclarée. — Il y aurait une iniquité flagrante à forcer le tiers acquéreur à rapporter la chose qu'il a achetée à la masse et à ne recevoir en échange qu'un simple dividende, puisqu'on enrichirait ainsi la masse à ses dépens. La jurisprudence est unanime en ce sens et elle ne prononce jamais ici la nullité des actes du failli sans établir que ces actes léseraient la masse s'ils subsistaient. Aussi, tout arrêt qui admet la nullité de l'art. 447 et ne la motive pas sur le préjudice causé à la masse en même temps que sur la connaissance qu'ont eue les contractants de la cessation de paiements est invariablement cassé par la Cour suprême.

Il est cependant des actes pour lesquels il est inutile d'admettre spécialement la double preuve dont nous parlons ; ce sont ceux qui emportent avec eux-mêmes la certitude d'un préjudice pour les créanciers; un paiement, par exemple, devra être annulé quand il sera simplement démontré que le créancier qui l'a reçu connaissait l'état de cessation de paiements du failli, car un paiement fait dans ces conditions prive les autres créanciers de la part contributoire qu'ils avaient droit d'espérer lors de la répartition (1).

(1) Bravard et Demangeat, t. V, p. 262. — Delamarre et Lepoitvin, t. VI, n° 150. — Bédarride, t. I, n° 110. — Cour de Lyon 4 févr. 1860. —

B. — En résumé il y a entre les nullités de l'art. 446 et celles de l'art. 447 les différences suivantes :

1° Les nullités de l'art. 446 sont des nullités de plein droit, elles s'imposent au juge ; celles de l'art. 447 sont facultatives pour lui.

2° Les premières ne frappent que certains actes en raison de leur nature ; les secondes peuvent atteindre tous les actes préjudiciables à la masse, sans distinction.

3° Les premières s'appliquent nonobstant la bonne foi des tiers ; les secondes n'ont pas d'effet si les tiers ont ignoré la cessation de paiements de celui avec lequel ils ont contracté.

4° Les premières peuvent atteindre des actes passés dans les dix jours qui précèdent la cessation de paiements ; les secondes ne peuvent remonter au delà de cette cessation.

5° Enfin si les unes et les autres peuvent être invoquées contre les ayants-cause, les premières diffèrent des secondes en ce qu'elles sont *in rem*, qu'elles frappent l'acte, abstraction faite des personnes, tandis que dans les secondes on doit démontrer que la personne même contre laquelle on les demande (au moins eu ce qui concerne les ayants-cause à titre onéreux) avait connaissance de la cessation de paiements (2).

— On pourrait être tenté, si l'on ne faisait qu'une simple lecture comparative des art. 446 et 447 d'ajouter une sixième différence et de dire que les nullités de l'art. 446 seules ne

Angers, 25 avril 1861. — Cassation, 24 décembre 1830. — Rég. 17 avril 1861.

(2) Cette affirmation comporte les développements qui suivent :

Le fait de la connaissance de la cessation de paiements, il faudra donc l'établir contre le cessionnaire, l'ayant-cause du tiers qui a traité directement avec le débiteur ; la connaissance de la cessation de paiements, en un mot, doit se rencontrer dans la personne de celui contre qui on demande la nullité, pour que cette nullité réussisse. C'est qu'il y a simplement ici nullité pour réparation du tort causé à la masse, pour infraction à la règle de l'égalité.

Mais il faut dire que si le tiers même qui a traité avec le débiteur, ou l'un de ses cessionnaires, a ignoré la cessation de paiements, sa bonne peuvent être invoquées que par la masse des créanciers ; mais la différence ne pourrait pas s'expliquer. Pas plus que l'art. 446, l'art. 447 n'a été fait dans l'intérêt du failli, qui ne peut donc jamais se prévaloir des nullités qu'il édicte (1).

C. — L'art. 447 ainsi que nous l'avons constaté est bien général : « Tous autres paiements et tous autres actes à titre onéreux, etc. », dit-il. Cependant on s'est demandé si le paiement fait à la suite d'une saisie pratiquée par le créancier pourrait être atteint par la nullité de l'art. 447 ; la raison de douter c'est que ce paiement n'est pas spontané, qu'il est arraché, en quelque sorte. Mais la raison de décider dans le sens de l'affirmative est que la position des créanciers est fixée d'une manière invariable par la cessation de paiements et que du moment qu'ils la connaissent, ils ne peuvent obtenir aucune faveur que repousse le principe de l'égalité de condition entre les créanciers en matière de faillite.

On s'est encore posé la question de savoir si les actes à titre onéreux dont parle l'art. 447 comprennent le partage auquel un commerçant aurait participé depuis la cessation de paiements.

Certains auteurs appuient la négative sur les raisons suivantes : les copartageants trouvent leurs droits dans leur qualité d'héritier qu'ils tiennent, soit de la loi, soit d'une institution faite par un tiers, ils ne sont pas les uns à l'égard des autres, des créanciers et des débiteurs, ils sont des copropriétaires de choses à partager. Les communistes qui n'ont jamais été les créanciers du failli restent donc en dehors de la faillite, ils n'ont reçu dans le partage que ce que la masse elle-même eût été obligée de leur donner, d'autre part, ils sortent de cette situation qui n'est pas leur œuvre par un acte : le partage, dont

foi couvre les cessionnaires postérieurs, qu'ils aient ou non connu cette cessation.

En sens contraire, il faut dire que l'ignorance de la cessation de paiements ne sert de rien au cessionnaire à titre gratuit.

Ces solutions ne sont d'ailleurs que les applications de celles qui sont admises en droit civil, sur l'art. 1167.

(1) Dalloz, *Jurisprud. gén.* V° faillite, n° 325.

les effets sont purement déclaratifs et non translatifs. Dès lors, il faut dire, si toutefois les opérations ont été régulières et sincères, que le partage est parfaitement valable, car il n'a opéré ni transmission (soit à titre gratuit, soit à titre onéreux), ni paiement, ni dation de paiement ; et qu'il est, de ce chef, en dehors des actes visés par l'art. 447.

Du reste, ajoute-t-on, les créanciers du copartageant ont le droit de s'opposer à ce que le partage soit fait hors de leur présence, de réclamer, en un mot, tous les bénéfices qui leur sont conférés par l'art. 882, C. civil ; ces dispositions de la loi en leur faveur ont été prises une fois pour toutes et sont la règle générale applicable à tous les cas.

Ce système est très-séduisant néanmoins nous ne l'adopterons pas Le partage, en somme, peut très-facilement être fait de manière à nuire aux créanciers du copartageant qui a cessé ses paiements ; voilà déjà un motif de protéger les créanciers du failli au moyen de l'art. 447.

Reste donc à savoir si l'art. 882 du Code civil est absolu et si le législateur n'a pas eu des motifs spéciaux d'y déroger en réalité comme il le fait en apparence, en employant des mots aussi larges que ceux-ci : « *actes à titre onéreux.* »

Ces motifs, il les a eu, car les garanties qu'il accorde aux créanciers du copartageant dans l'art. 882 deviennent des instruments inutiles lorsque ce copartageant est un commerçant failli. Comment, en effet, tous les créanciers ordinairement si nombreux d'un commerçant seront-ils avertis de l'ouverture de la succession à partager ? Comment pourront-ils surveiller le partage, puisque les agents chargés de veiller aux intérêts de la masse ne sont pas encore désignés ? On ne doit donc pas leur reprocher d'avoir, par leur silence, ratifié les opérations du partage.

Et puis, au profit de qui les écarterait-on ? Au profit des cohéritiers ? Mais assurément, ces cohéritiers ne méritent pas cette faveur, eux qui connaissaient la cessation de paiements et savaient que leur mode de partage causait un préjudice à la masse des créanciers de l'un d'eux.

Si donc ils n'ont pas, à l'époque du partage, mis en demeure tous les créanciers de celui d'entre eux qui avait déjà suspendu ses paiements, leur acte de partage ne sera pas irrévocable (1).

Ces actes, le paiement fait à la suite d'une saisie, le partage, sont donc prévus implicitement par l'art. 447 et il n'y a pas de distinction à faire pour eux.

D. — Il n'en est pas de même d'un acte à titre onéreux que le législateur a eu soin de prévoir et de réglementer d'une manière toute spéciale dans l'art. 449. Nous voulons parler du paiement d'une lettre de change ou d'un billet à ordre, effectué à l'échéance, mais après la cessation de paiements, par le tiré ou par le souscripteur.

L'ancien texte du Code de 1808 ne faisait aucune distinction pour ce cas, le porteur devait rapporter la somme payée toutes les fois qu'au moment où il l'avait touchée il avait eu connaissance de la cessation de paiements du tiré ou du souscripteur.

Le porteur, avait-on dit, ne peut mériter la faveur d'une dérogation au principe général de l'exigibilité, quand le vendeur lui-même subit ce principe aussi rigoureusement que les autres créanciers.

C'était raisonner à faux. En effet, la base des nullités que nous étudions, ce n'est point le plus ou le moins de faveur qui peut être attaché à une créance; c'est le principe d'égalité qui ne veut pas qu'un créancier puisse recevoir son paiement d'un débiteur qui ne paie plus personne; et voilà pourquoi on soumet ce créancier à l'obligation du rapport et on le remet dans la situation où il serait s'il n'avait rien touché.

Mais au moins faut-il qu'il soit replacé dans cette situation;

(1) Bravard et Demangeat, t. V, p. 265. — *Contrà*, Colmar, 19 janvier 1856. — Bédarride, t. I, n° 120 bis.

or, ce résultat ne peut être atteint relativement au porteur qui se trouverait, si on le forçait au rapport, dans une situation moins bonne que s'il n'avait jamais rien reçu.

La raison en est que lorsque le porteur d'un effet éprouve un refus de paiement, il a une ressource : il peut exercer contre le tireur et les endosseurs de l'effet une action en recours (art. 164), à la condition qu'il l'exercera dans un bref délai (art. 165), et que le lendemain de l'échéance il ait fait constater le refus de paiement par un protêt ; mais quand on l'a payé à l'échéance, il n'y a pas de protêt possible, il n'y aura donc pas de recours possible et le porteur se trouvera ainsi avoir été obligé de rendre ce qu'il a reçu, ce qu'il a été forcé de recevoir, et avoir perdu sans sa faute la garantie sur laquelle il avait compté au cas où on ne l'aurait pas payé à l'échéance.

On ne pouvait d'ailleurs maintenir en faveur du porteur cette garantie qu'il eût conservé par un protêt, car il eût été injuste à l'égard du tireur et des endosseurs de prolonger longtemps un recours déjà fort rigoureux ; et d'autre part, dans bien des cas, ce recours eût perdu toute son efficacité puisque entre l'époque de l'échéance et le moment où l'on annule les paiements, il a pu s'écouler un très-long intervalle pendant lequel la solvabilité des garants a pu se perdre.

C'était donc le porteur de l'effet de commerce que le Code de 1808 sacrifiait aux autres créanciers, sous prétexte de les traiter tous avec égalité.

Une semblable législation paralysait la circulation des effets de commerce ; la loi nouvelle remédia à cet état de choses par la disposition qui suit :

« Dans le cas où des lettres de change auraient été payées après l'époque fixée comme étant celle de la cessation de paiements et avant le jugement déclaratif de faillite, l'action en rapport ne pourra être intentée que contre celui pour le compte duquel la lettre de change aura été fournie.

» S'il s'agit d'un billet à ordre, l'action ne pourra être exercée que contre le premier endosseur.

» Dans l'un et l'autre cas, la preuve que celui à qui on demande le rapport avait connaissance de la cessation de paiements à l'époque de l'émission du titre devra être fournie. »

Désormais le porteur est donc à l'abri de toute demande en rapport alors même qu'il aurait eu connaissance de la cessation de paiements ; le paiement qui lui a été fait reste valable. Mais une action de cette nature pourra être dirigée contre celui pour le compte duquel la lettre de change a été fournie.

Ainsi pas d'action en rapport contre le porteur, nous en avons indiqué la raison ; peu importe que le tiré ait payé le jour même de l'échéance ou quelques jours après, lorsque le protêt a déjà eu lieu ; les législateurs de 1838 ont voulu surtout favoriser la circulation des effets de commerce et ils l'ont fait en déclarant valable sans distinction tout paiement fait à un tiers porteur.

Le texte de l'art. 449 est si général, que nous irons même jusqu'à décider qu'aucun recours ne pourra être exercé contre le porteur au cas où le tiré ayant refusé de payer et le protêt ayant eu lieu, le tireur aurait payé le montant de la lettre ; ce tireur fût-il d'ailleurs en état de cessation de paiements et le porteur eût-il connu cette circonstance (1).

Mais pourquoi permettre contre le tireur, ajoutons : ou contre le donneur d'ordre (2) quand il y a un tireur pour compte, une action en rapport de la somme payée ?

C'est parce que c'est à ce tireur, en définitive, que profite le paiement, car le paiement le libère de ses obligations envers le preneur, c'est l'équivalent de la valeur qu'il a perçue de lui au moment de la transmission ; le preneur ne lui a remis cette valeur que pour la recouvrer contre le tiré, de telle

(1) Cassation, 16 juin 1846.
(2) La formule générale de la loi : « contre celui pour compte duquel, etc. » a été employée pour prévenir tout doute sur ce point.

sorte que si ce dernier n'effectue pas le paiement, le tireur sera soumis à un recours de la part du porteur ; on peut donc dire que quand le montant de la lettre a été payé au porteur, c'est le tireur qui en bénéficie principalement, car il est censé avoir touché la somme par les mains d'un mandataire.

C'est ainsi que se justifie pour le tireur l'obligation au rapport ; mais à quelles conditions en sera t-il tenu ? L'art. 449 nous répond : « La preuve que celui à qui on demande le rapport avait connaissance de la cessation de paiements à l'époque de l'émission du titre, devra être fournie. »

A l'époque de l'émission du titre : Pourquoi pas au moment du paiement ? N'est-ce pas à ce moment que naît l'obligation au rapport ? N'est-ce pas à ce moment que le porteur aurait eu un recours contre le tireur s'il avait éprouvé un refus ? A ce moment que le tireur touche en quelque sorte le montant de la lettre par les mains du porteur ?

Mais on ne pouvait guère s'attacher à cette idée, car après l'émission du titre, le tireur n'est plus le maître de ce qui arrive, il devient étranger à la lettre et ne peut dès lors être responsable de ce qui se passe en dehors de lui Il fallait donc apprécier sa bonne ou sa mauvaise foi au moment où il intervenait activement et c'est pourquoi on s'est placé pour le faire au moment de l'émission du titre.

Ce système qui semble assez rationnel au premier abord, ne se justifie cependant pas dans toutes les hypothèses. La loi n'a, en effet, qu'une règle unique, elle apprécie la bonne ou la mauvaise foi de celui pour le compte duquel la lettre est tirée, toujours et invariablement à l'époque de l'émission du titre, or, quand c'est un donneur d'ordre qui doit rapporter, cette émission n'est pas son fait, c'est celui du tireur pour compte ; la loi se place donc vis à-vis du donneur d'ordre à un moment où il n'agit pas, et abandonne ainsi maladroitement à son égard l'idée qui a été le fondement même de la règle générale qu'elle a posée.

Mais on adresse à la loi un reproche plus grave. En

examinant, comme elle le fait, la bonne ou la mauvaise foi du tireur au moment où il émet le titre, elle rend, en fait, l'action en rapport à peu près impossible, car elle suppose un concours de circonstances qui ne se rencontreront peut-être jamais. Ainsi elle veut, 1° que le tireur ait eu connaissance de la cessation de paiements, au moment où il a créé la lettre de change ; mais il est difficile de comprendre (1) qu'un commerçant sérieux ait émis une lettre de change sachant que le tiré ne serait pas à même de la payer à l'échéance. Elle veut, 2° que le tireur ait trouvé un preneur à l'époque de l'émission ; 3° Elle veut enfin que le tiré qui depuis longtemps est en état de cessation de paiements, puisqu'il est déjà en cet état lorsque la lettre de change est faite, ait payé à l'échéance (2).

L'art. 449 déroge encore à l'art. 447 en matière de billets à ordre.

Le souscripteur d'un billet à ordre déjà en état de cessation de paiements à l'époque où il le souscrit, l'acquitte au jour de l'échéance Il est déclaré en faillite et ses créanciers veulent en s'appuyant sur l'art. 447 attaquer le porteur qui a été payé. Réussiront-ils ? La loi décide qu'ils le pourront si le porteur est le bénéficiaire du titre, mais que cela leur est impossible au cas où il n'est qu'un cessionnaire et que dans cette dernière hypothèse le recours des créanciers pourra s'exercer seulement contre le premier endosseur.

Cette solution se justifie très-bien. L'intérêt de la circulation des effets de commerce qui n'est pas en jeu quand le bénéficiaire du titre en est en même temps le porteur, puisque dans ce cas c'est le créancier originaire lui-même qui a reçu le paiement, reprend au contraire toute sa force quand c'est un cessionnaire qui a touché ce paiement ; dans ce cas, le premier

(1) A moins de supposer de sa part, des manœuvres plus dangereuses que délicates pour se procurer immédiatement une monnaie commerciale.
(2) Bravard, t. V, p. 2:6.

endosseur du billet jouant le rôle du tireur dans la lettre de change, c'est contre lui qu'on devait recourir.

C'est au moment où il a transmis le billet par endossement qu'on examinera s'il a connu la cessation de paiements du souscripteur, car pour lui c'est à l'époque de la transmission qu'il a opérée, que se place l'émission du titre.

— Ainsi nous avons constaté que le tireur d'une lettre de change, le premier endosseur d'un billet à ordre, sont quelquefois tenus de rapporter à la masse ce qui a été payé par le failli au porteur du titre. Est ce à dire que ni le tireur ni le premier endosseur ne pourront rien réclamer à cette masse? Non sans doute et, d'une part, le tireur pourra y figurer pour exercer ses droits quant à la provision et réclamer soit un simple dividende, soit la restitution même des objets, si la provision consistait en des choses corporelles qui ont été louées au tiré sans que pourtant il en soit devenu propriétaire. D'autre part, le premier endosseur exercera ses droits comme porteur du billet; les choses seront remises au même état que s'il n'y avait pas eu de paiement.

E. — Nous remarquerons en terminant que les actes qui auraient été faits avant l'époque de la cessation des paiements et les dix jonrs qui la précèdent, et qui de ce chef échappent aux dispositions de l'art. 446 et de l'art. 447, pourraient encore être annulés aux termes de l'art. 1167 du Code civil.

Mais cette annulation de droit commun diffère beaucoup des nullités spéciales que nous avons déjà étudiées, notamment en ce que ces dernières profitent à la masse entière de la faillite, même aux créanciers de cette masse postérieurs à l'acte annulé; tandis que, au contraire, il est généralement admis que l'acte annulé par application de l'art. 1167 n'est annulé qu'au profit des créanciers deja existants au moment où l'acte est intervenu (1).

(1) Aubry et Rau, t. III, p. 99.

CHAPITRE III.

NULLITÉ DES INSCRIPTIONS.

PRÉLIMINAIRES.

L'état de faillite a des conséquences non-seulement sur certains actes constitutifs d'un droit nouveau, mais sur d'autres actes qui viennent simplement rendre possible l'exercice d'un droit préexistant.

Un créancier hypothécaire, par exemple, ne peut faire valoir son hypothèque si elle n'est inscrite ; il en est de même de certains créanciers privilégiés ; c'est l'inscription ici qui vient empêcher que ce droit ne soit inerte et qui vient le vivifier.

Eh bien ! l'état de faillite peut avoir certains effets sur cette inscription, sur cet acte vivifiant ; c'est l'article 448 qui règle ces effets et décide de la validité des inscriptions hypothécaires prises sur les biens d'un débiteur déjà tombé ou tombé depuis en faillite.

Les nullités que cet article édicte se rattachent les unes, au jugement déclaratif et au dessaisissement qui en est la suite, les autres, au contraire, à la cessation de paiements ; il pourrait donc paraître plus logique de rattacher l'étude des premières à l'explication des effets que le jugement déclaratif produit pour l'avenir, et celles des secondes à l'explication des effets de la cessation de paiements ; mais les actes que les nullités de l'art. 448 atteint sont si distints de ceux que nous avons considérés jusqu'ici que nous avons cru bon de traiter tout ce qui leur est relatif dans un chapitre spécial.

Ce chapitre sera divisé en deux sections.

SECTION PREMIÈRE.

A QUELLES CONDITIONS LA NULLITÉ DE L'ART. 448 PEUT ÊTRE PRONONCÉE.

A. Modifications successives de la législation sur la matière. —
B. Exposé du système actuel. Développements.

A. — L'art. 2146 se référant aux dispositions de l'ordonnance de 1673 et à la déclaration de 1702 nous dit : « Les inscriptions hypothécaires ne produisent aucun effet si elles sont prises dans le délai pendant lequel les actes faits avant l'ouverture des faillites sont déclarés nuls (1).

L'ancien art. 443 C. de c. disait d'autre part : « Nul ne peut acquérir privilége ni hypothèque sur les biens du failli dans les dix jours qui précèdent l'ouverture de la faillite.

Le rapprochement de ces deux dispositions nous montre que à partir des dix jours qui précèdent l'ouverture de la faillite, on ne pouvait pas plus inscrire une hypothèque qu'en établir une. La loi se montrait aussi sévère pour l'inscription de l'hypothèque, pour une formalité extérieure au contrat, que pour sa constitution même (2 .

Tel était le système antérieur à 1838.

Ce système avait l'avantage de rendre impossible toute entente entre le débiteur et le créancier hypothécaire pour tenir l'hypothèque secrète et ne la révéler qu'au dernier moment

(1) L'art. 2146 substitue à l'expression : « faillite publiquement connue », les mots « ouverture de la faillite » du Code de 1808 Ces mots sont eux-mêmes remplacés dans la loi de 1838 par ceux-ci : « cessation de paiements ».

(2) La loi du 11 brumaire, an VII portait : « l'inscription qui serait faite dans les dix jours avant la faillite, banqueroute ou cessation publique de paiements d'un débiteur, ne confère point hypothèque ».

par l'inscription, aux tiers que rien n'avait pu avertir jusqu'alors. Il empêchait donc le commerçant de conserver un crédit immérité et de tromper les tiers en leur offrant malhonnêtement des garanties apparentes, destinées à tomber au dernier moment.

Mais il avait des inconvénients qui ne compensaient pas ses qualités.

1° Il était illogique, car il assimilait une simple formalité complémentaire d'un contrat à ce contrat lui-même, et bizarre, car alors même qu'il ne contestait pas la validité du contrat, il annulait sans distinction, l'inscription qui seule permet de le faire valoir ; il déniait indirectement le droit qu'il reconnaissait directement.

2° Il était d'une rigueur extrême pour des créanciers qui pouvaient être à l'abri de tout reproche, qui n'avaient pu, par exemple, par suite de cas fortuit ou de force majeure, et malgré leurs diligences, prendre à temps l'inscription de leur hypothèque.

3° Par le fait même, il était très-injuste, car il sacrifiait des créanciers hypothécaires ou privilégiés qui n'avaient commis aucune faute aux tiers qui avaient pu contracter avec le failli à la veille de l'ouverture de la faillite.

B. — Les législateurs de 1838 ont posé une règle nouvelle. Aujourd'hui le failli, nous le savons déjà, peut jusqu'à la déclaration de faillite, constituer valablement des hypothèques sur ses biens, pourvu qu'il le fasse à l'instant même où naît la dette valable qu'il veut garantir. Cette innovation amenait nécessairement la chute de la disposition qui annulait sans distinction les inscriptions prises dans la période qui précède le jugement déclaratif.

C'est aussi ce que proclame la loi de 1838 dans son art. 448 :

« Les droits d'hypothèque ou de privilége valablement acquis pourront être inscrits jusqu'au jour du jugement déclaratif de la faillite.

«Néanmoins les inscriptions prises après l'époque de la cessation de paiements, ou dans les dix jours qui précèdent, pourront être déclarées nulles, s'il s'est écoulé plus de quinze jours entre la date de l'acte constitutif de l'hypothèque ou du privilége et celle de l'inscription.

« Ce délai sera augmenté d'un jour à raison de cinq myriamètres de distance entre le lieu où le droit d'hypothèque aura été acquis et le lieu où l'inscription sera prise. »

Ainsi, en principe, des créanciers ayant privilége ou hypothèque *valables* pourront les inscrire dans les dix jours qui précèdent la cessation de paiements et mê ne depuis cette cessation, pourvu que l'inscription soit antérieure au jugement déclaratif.

Cependant il fallait protéger les tiers, il ne fallait pas permettre qu'une hypothèque tenue secrète alors que rien n'empêchait qu'elle fût rendue publique, vint se manifester tout à coup par une inscription prise au dernier moment et absorber un actif qui paraissait libre. C'est pourquoi la loi a mis une condition à la validité de l'inscription, c'est que le créancier l'ait faite sans retard, et elle décide qu'il sera considéré comme en retard s'il a laissé s'écouler quinze jours depuis la constitution de son droit.

Ce délai de quinze jours est même augmenté, au cas où la distance entre le lieu où l'hypothèque a été constituée et celui où elle doit être inscrite est par trop grande. (Comp. art 448, *in fine.*)

Reprenons maintenant en détail chacune des dispositions de l'art. 448.

— L'art. 448 ne s'occupe que du sort de l'inscription ; supposant les droits d'hypothèque ou de privilége *valablement acquis*, il répond à la question de savoir jusques à quand le créancier pourra s'inscrire, par la distinction suivante :

L'inscription a-t-elle été prise postérieurement au jugement déclaratif ? Elle est nulle ; cette nullité est une conséquence du dessaisissement ; par suite, elle est nécessaire ; c'est une affaire de date, et la date une fois constatée, les juges n'ont plus aucun pouvoir appréciateur.

—L'inscription a t-elle été prise après la cessation de paiements ou dans les dix jours qui la précèdent elle est valable en principe, mais elle peut être annulée si elle n'a pas eu lieu dans les quinze jours qui suivent l'acte constitutif d'hypothèque.

Pour juger de la nature de cette nullité spéciale, il faut voir comment elle se distingue et se sépare des nullités que prononcent les art. 446 et 447

D'abord elle est facultative pour le juge, ce qui trace une dissemblance manifeste entre elle et la nullité de l'art. 446 qui est fatale, et repousse toute influence des circonstances de la cause et de la bonne ou de la mauvaise foi des parties.

La qualité qu'elle a d'être facultative la rapproche par un point des nullités de l'art. 447, mais elle en diffère profondément en ce qu'elle peut être prononcée sans que le créancier hypothécaire ait eu connaissance de la cessation de paiements du débiteur qui lui a consenti une hypothèque.

Elle est donc indépendante de cette connaissance et dès lors il ne peut nous sembler anormal que le délai de l'art. 448 commence à courir dix jours avant la cessation de paiements.

En outre, dans tous les actes que l'art. 447 peut atteindre, le failli joue un rôle actif ; au contraire, la nullité de l'art. 448 frappe des actes qui ne sont pas le fait du failli, mais celui de son créancier ; elle a un seule cause : la négligence qu'a mise ce créancier à remplir une formalité que la loi ordonne, négligence qui se présume au bout d'un certain délai fixé par la loi. Cette raison explique très-bien pourquoi la nullité nouvelle de l'art. 448 n'est point nécessaire, ne s'impose pas aux juges ; le retard du créancier, en effet, pourra trouver sa justification dans les circonstances, il pourra n'être pas le résultat de la négligence, mais bien celui de la force majeure Dans ce cas il était équitable de laisser aux juges un certain pouvoir d'appréciation en ne les contraignant pas d'annuler toutes les inscriptions hypothécaires.

En un mot, l'unique but de la loi est et devait être, d'empêcher que, même involontairement, le créancier hypothécaire qui ne s'est pas inscrit, pût, à raison d'un retard que rien ne justifie, induire des tiers en erreur en leur laissant croire à des garanties imaginaires.

Cette dernière remarque nous amène à la conséquence suivante : C'est que alors même que le créancier serait en faute de n'avoir pas pris à temps son inscription, les juges pourront la valider néanmoins, s'il est démontré que la tardiveté de l'inscription n'a occasionné de préjudice à personne (1).

Partant de là, certains auteurs ont pensé que s'il n'y a pas eu de créanciers postérieurs aux quinze jours pendant lesquels l'inscription a dû être effectuée, les juges pourront toujours la valider quand même rien n'excuserait le retard (2). Cette affirmation est certainement trop absolue et la seule considération que l'absence d'inscription sur les immeubles a pu décider les créanciers antérieurs à ne pas commencer des poursuites pour dettes échues, suffit amplement pour la faire tomber.

SECTION II.

À QUELS ACTES S'APPLIQUE LA NULLITÉ DE L'ART. 448.

Décomposition de la question en deux parties. — PREMIÈRE PARTIE. A. L'art. 448 ne s'applique-t-il qu'aux seuls droits de privilége ou d'hypothèque. Applications : 1° *Quid* au cas d'une signification de transport ; 2° *Quid* de la transcription des donations ; 3° *Quid* de la trans-

(1) *Jurisprudence.* Arrêt de Bourges, 9 août 1848.— Cass. 17 avril 1849. — Rouen, 8 mai 1851. Colmar, 15 janvier 1862. — Dijon, 7 février 1866.
(2) Pravard, t. V, p. 286.

cription des actes assujettis à cette formalité par la loi du 23 mars 1855.
— **B**. Conclusion.

Nous savons à quelles conditions la nullité de l'art. 448 peut être prononcée, demandons nous maintenant quels sont les actes auxquels elle s'applique.

L'art. 448 ne parle absolument que des droits de privilège ou d'hypothèque valablement acquis ; sa formule est-elle irréprochable ? Ne s'applique t-il qu'à ces seuls droits ou bien peut-il être étendu en dehors des cas textuellement prévus et alors qu'il s'agira, par exemple, d'une formalité qui comme l'inscription a pour objet d'animer un droit préexistant.

A l'inverse s'applique-t-il indistinctement à tous les privilèges et hypothèques soumis à l'inscription et ne faut-il tenir aucun compte de ce que certains créanciers hypothécaires ou privilégiés ont certaines facilités, certains délais pour conserver leur droit ? En un mot, les termes de la loi ne sont-ils pas trop restreints d'un côté, trop généraux de l'autre ?

Tel est le double aspect que présente la question.

A. — Nous allons en examiner la première partie. Pour se rendre compte du champ de la difficulté, il importe de déterminer les formalités qui, à l'imitation de l'inscription hypothécaire permettent à un droit de rendre toute sa force et qui comme telles ont une analogie incontestable avec l'inscription elle-même.

Aux termes de l'art. 1690 C. civil, le cessionnaire d'une créance, d'un droit ou d'une action sur autrui n'est saisi à l'égard des tiers que par la signification du transport faite au débiteur (ou l'acceptation de celui-ci dans un acte authentique).

Aux termes de l'art. 941 Code civil, le défaut de transcription d'une donation de biens susceptibles d'hypothèques pourra être opposé par toutes personnes ayant intérêt, exceptées toutefois celles qui sont chargées de faire faire la transcription ou leurs ayants-cause et le donateur.

Aux termes de la loi du 23 mars 1855, certains droits sont soumis à la formalité de la transcription et jusqu'à cette transcription ils ne peuvent être opposés aux tiers qui ont acquis des droits sur l'immeuble et les ont conservés en se conformant aux lois.

Eh bien, appliquera-t-on l'art. 448 quand il s'agira de l'accomplissement de ces formalités ?

— Reprenons chacune des formalités que nous avons mentionnées :

1° Signification au débiteur cédé d'un transport valablement effectué Cette signification peut-elle se faire utilement après la faillite déclarée du cédant ?

Nous dirons qu'elle doit être considérée comme non avenue à l'égard de la masse ; car à l'égard des tiers, jusqu'à la signification de la cession, le cessionnaire n'est qu'un simple créancier du cédant, il est donc soumis à la loi commune qui veut que tous les créanciers du failli soient traités également s'ils n'ont pas acquis une cause légitime de préférence avant la déclaration de faillite (1).

Mais nous déciderons au contraire que si la signification a eu lieu depuis la cessation de paiements, elle ne pourra être annulée, et cela même dans le cas où elle aurait été faite plus de quinze jours après l'acte de cession.

Notre solution se fonde sur ce principe que les présomptions ne sauraient s'étendre en dehors du cadre tracé par le texte de la loi, quelque bonnes que soient les raisons qui militent en faveur de cette extension. Or si dans l'art. 448 la loi est partie de la présomption que le créancier a été négligent et a permis d'annuler les inscriptions tardives pour punir cette négligence présumée, rien n'autorise à dire qu'elle a eu la même pensée à l'égard du cessionnaire retardataire, et au contraire son silence

____

(1) Cass. 4 janvier 1847. — Paris, 17 février 1849. 28 juin 1855. — Aubry et Rau, t. III, § 359 bis.

doit faire croire que la nullité qu'elle édicte est inapplicable à un cas qu'elle n'a point prévu (1).

2° Supposons maintenant une donation d'immeubles faite par un commerçant qui depuis est tombé en état de cessation de paiements, et un donataire qui est resté plus de quinze jours sans transcrire et a opéré la transcription seulement depuis cette cessation.

Pas plus que dans l'hypothèse précédente nous n'appliquerons l'art. 448, toujours par la raison que les nullités ne se suppléent pas Nous ne nous étendrons pas plus longuement sur ce point.

Mais quelle solution donner si la transcription ne survient que postérieurement au jugement déclaratif? Il y a deux systèmes très-tranchés à cet égard.

Une première opinion conclut à la nullité relativement à la masse, de la transcription effectuée dans ces conditions ; elle s'appuie sur cette idée que l'art. 941 ne fait que reproduire pour la transcription ce que l'art. 27 de l'ordonnance de 1731 disait de l'insinuation. Aux termes de cet article 27, toutes personnes ayant intérêt, sauf le donateur et certaines personnes chargées d'opérer l'insinuation, ont le droit d'opposer la nullité d'une donation non insinuée.

Or les créanciers du donataire ont certainement intérêt à contester la donation, l'art. 27 les met, du reste, en tête de son énumération, ce qui ôte tout doute à leur égard. Et puisque ni l'art 941, ni la loi du 23 mars 1855 qui ne reproduit pas il est vrai l'énumération de l'art. 27, mais rien que pour éviter les superfluités, n'ont pas dérogé à ses dispositions, on doit dire que le droit des créanciers n'a pas changé et qu'il subsiste dans toute sa force. Telle est la solution à laquelle conduit nécessairement cette première interprétation de l'art.

(1) Cass. 20 janvier 1848 — Aubry et Rau, t. III, § 159 bis. — Demangeat sur Bravard, t. V, p. 205. — *Contrà*, Montpellier, 13 janv. 1848. — Nous avons déjà constaté qu'une telle signification n'a rien de frauduleux.

911. Si on l'admet, le droit des créanciers est certain ; la transcription opérée par le donataire après le jugement déclaratif est sans effet à l'égard de la masse (1).

Mais cette interprétation de l'art. 941 par l'art. 27 de l'ordonnance de 1731 compte aujourd'hui peu de partisans dans la doctrine, et la jurisprudence la repousse universellement. On s'attache, au contraire, à une autre idée pour déterminer le sens et la portée de l'art. 941. On se sert pour le lire de la loi du 11 brumaire an VII qui antérieurement au Code civil et sans pour cela supprimer l'insinuation qui subsistait comme formalité générale pour tous les cas, avait établi sous le nom de transcription un système nouveau de publicité pour les transmissions entre vifs de biens susceptibles d'hypothèque, et l'avait sanctionné par une disposition ainsi conçue : « L'acte non transcrit ne pourra être opposé aux tiers qui auraient traité avec le vendeur, c'est-à-dire, le précédent propriétaire, et se seraient conformés aux dispositions de la présente »

Cette sanction est comme on le voit, dit-on, distincte de celle de l'art. 27 de l'ordonnance de 1731, et il faudra la maintenir seule si l'on reconnaît que l'insinuation n'a pas été maintenue dans le Code. Or les rédacteurs du Code ne nous parlent plus que de la transcription et ils ne l'appliquent qu'à des transmissions de biens susceptibles d'hypothèque. C'est donc bien de la même transcription que celle dont parlait la loi de brumaire qu'il s'agit ici, et partant, on ne comprendrait pas pourquoi la sanction aurait changé.

De cette façon d'entendre l'art. 941 il résulte, suivant certains auteurs (2), que pour opposer le défaut de transcription un intérêt quelconque, l'intérêt des créanciers simplement chirographaires (3), par exemple, ne suffit plus et qu'il faut

(1) Bugnet sur Pothier, t. VIII, p. 369.
(2) Demangeat, note insérée dans les répétitions de Mourlon.
(3) Aubry et Rau, t. VI, p. 87, notes 21 et 26 ; tout en reconnaissant que l'art 941 est emprunté à la loi de brumaire an VII, rejettent cette conséquence et admettent les créanciers chirographaires à opposer le défaut

avoir acquis du précédent propriétaire un droit sur le bien, objet de la donation non encore transcrite. Et, ajoutent-ils, comme la loi du 23 mars 1855 a rétabli le système de la loi de brumaire pour tous les actes entre vifs translatifs de biens susceptibles d'hypothèque, système que le Code n'avait maintenu que pour les donations ; la question relative à la transcription des donations, se trouve faire partie de la question générale de savoir quel est le sort de la transcription d'un acte quelconque assujetti à cette formalité. C'est donc dans la solution de cette question que, suivant cette opinion, nous trouverons la réponse.

3 Transcription des actes assujettis à cette formalité par la loi du 23 mars 1855.

Parlons d'abord des transcriptions intervenues après le jugement déclaratif. Quelle est leur valeur ?

Un commerçant propriétaire d'un immeuble l'a valablement aliéné entre vifs, à titre onéreux, ou l'a grevé valablement d'un droit d'usufruit, de servitude, d'antichrèse, où l'a donné à bail pour plus de dix-huit ans, ou a renoncé à un droit d'usufruit ou de servitude qu'il avait sur l'immeuble d'un tiers ; tous ces actes requièrent transcription (art. 1, 2 et 3, loi du 23 mars 1855). Si le commerçant tombe en faillite et que la transcription n'a lieu qu'après le jugement déclaratif, est-elle valable relativement à la masse ? Il y a trois systèmes à cet égard :

Le premier proclame que la transcription dont parle la loi

de transcription. Dans cette opinion comme dans celle que nous avons exposée en premier lieu, la question de savoir si la transcription d'une donation peut être faite après le jugement déclaratif se trouve vidée d'avance.

En dehors des arguments qui ont été invoqués, pour appuyer cette manière de voir, nous ferons remarquer, qu'elle rend plus facile l'explication de l'art. 11 de la loi du 23 mars 1855, portant qu'il n'est point dérogé aux dispositions du code civil relatives à la transcription des donations, etc.,.... ce qui suppose que ces règles ne sont pas les mêmes qu'en matière de transcription des aliénations ordinaires.

du 23 mars 1855, ne peut être considérée comme trop tardive lorsqu'elle n'a eu lieu qu'après le jugement déclaratif (1).

Pour établir ce point, voici comment cette première opinion raisonne. La vente, par exemple, dit-elle, quoique non transcrite existe à l'encontre du vendeur et de ses créanciers chirographaires ; hé bien, c'est un état qui ne peut pas changer, puisque vis-à-vis de ces personnes la propriété est dûment transférée, par conséquent, si le vendeur vient à être déclaré en faillite, ses créanciers ayant déjà perdu tout droit de gage sur l'immeuble vendu ne peuvent le ressaisir ; l'immeuble vendu, en un mot, ne compte plus dans les biens de leur débiteur. C'est pourquoi, si l'un de ces créanciers venait après l'aliénation à recevoir du débiteur une hypothèque sur le bien aliéné et à l'inscrire avant la transcription de l'aliénation elle-même, il n'aurait rien acquis à l'encontre de l'acquéreur qui n'a pas transcrit.

Cela étant, on ne peut évidemment pas accorder à la masse des créanciers chirographaires par suite du jugement déclaratif, un droit qu'un créancier n'aurait pas en vertu d'une constitution formelle d'hypothèque ; s'il est vrai que la masse a acquis par le jugement déclaratif de faillite, un droit réel (nous le démontrerons plus loin) sur les biens du failli, ce n'est que sur les biens qui forment son gage et non sur ceux qui en sont sortis valablement.

Ce système aboutit, de l'aveu de ceux même qui le proposent, à une anomalie singulière. Elle consiste en ce que la transcription et l'inscription qui sont cependant liées l'une à l'autre par une grande affinité, se trouvent par le fait traitées d'une manière toute différente, en ce que la loi qui annule dans l'intérêt des créanciers du failli, les hypothèques qui n'ont pas été inscrites avant le jugement déclaratif de faillite, alors même qu'elles avaient été valablement constituées (comp. art. 446), maintiendrait, au contraire, les aliénations clandestines qu'on voudrait faire valoir contre ces mêmes

<hr>

(1) Mourlon. *Transcription*, t. II, n° 488.

créanciers. Mais cette anomalie s'explique, disent toujours les partisans du système, par la diversité des principes de la loi dans des situations identiques. En effet, tandis qu'elle permet aux créanciers chirographaires de se prévaloir du défaut d'inscription des hypothèques produites à leur encontre, elle leur refuse formellement le droit d'opposer aux acquéreurs le défaut de transcription de leurs titres.

Cette opinion se présente avec toutes les apparences d'une logique sans défaut et nous convenons qu'elle nous a séduits longtemps, mais l'argumentation puissante et brève de deux célèbres jurisconsultes nous a forcés de changer complètement d'avis (1).

Le vice de la théorie que nous combattons vient de ce qu'elle croit que le créancier chirographaire d'un aliénateur d'immeuble doit nécessairement subir, quoi qu'il arrive, tous les inconvénients attachés à la qualité de chirographaire ; de ce qu'elle croit qu'un créancier qui n'a obtenu hypothèque que postérieurement à l'aliénation de l'immeuble ne peut pourtant se prévaloir de l'absence de transcription, lorsque sa créance est d'une origine antérieure à cette aliénation.

Or cette idée est fausse 1° Le texte de la loi la repousse : l'art. 3 de la loi du 23 mars 1855 ne distingue, en effet, en aucune façon, le cas où un tiers a acquis un droit sur l'immeuble au moment où il devenait créancier, du cas où il ne l'a acquis que *ex post facto*. On trouve, il est vrai, cette distinction dans la loi commerciale (art. 446), mais elle y a été faite dans l'intérêt de la masse de la faillite et non à son préjudice.

2° Un acte d'aliénation, quoique non transcrit, est bien opposable à un créancier chirographaire comme tel, mais il n'en est évidemment plus de même dès que ce créancier devenu hypothécaire, invoque non plus sa qualité de chirographaire, mais fait valoir le droit réel attaché à son hypothèque.

3° Enfin les conséquences déplorables du système que nous

(1) Aubry et Rau, t. II, § 209, p. 277, note 79,

attaquons devraient, à défaut d'autres raisonnements, nous mettre au moins en garde contre lui.

Un emprunteur constitue au moment du prêt, un droit d'hypothèque sur un immeuble qu'il a vendu, cette hypothèque sera opposable à l'acheteur s'il n'a transcrit qu'après qu'elle aura été inscrite.

Changeons l'hypothèse : le vendeur constitue sur l'immeuble qu'il a vendu le même droit d'hypothèque, mais, cette fois, au profit d'une personne qui était déjà son créancier depuis quelque temps, l'acheteur n'aura rien à craindre; le créancier ne pourra plus acquérir aucune hypothèque conventionnelle, judiciaire, légale, sur cet immeuble dont on a disposé par un acte non transcrit.

Voilà ce qu'il faut dire avec la solution de la première opinion, et ce que, pour notre part, nous ne saurions admettre.

— La deuxième opinion prenant absolument le contre-pied de la première, décide d'une façon générale et pour tous les actes que nous avons énumérés plus haut, que la transcription opérée après le jugement déclaratif est nulle relativement à la masse des créanciers. Toute la question, dit cette opinion, est de savoir si le jugement déclaratif ne fait pas naître au profit de la masse un droit réel, *dûment conservé*, sur tout l'actif du failli, droit qui l'autoriserait à méconnaître des actes même valablement consentis, si ces actes n'avaient reçu de la transcription leur complément nécessaire.

Qu'il y ait là un droit réel, cela nous semble incontestable, car par l'effet du jugement déclaratif et du dessaisissement qu'il amène, l'actif du failli tel qu'il se compose au jour de ce jugement, est affecté au paiement de son passif, tel aussi qu'il existe à ce moment. Le failli n'a plus le droit, dans ses rapports avec la masse, de modifier son actif, ni d'augmenter son passif, et désormais la masse a cette garantie que tous les biens de son débiteur seront réalisés dans son intérêt *exclusif*. N'est-ce pas là un véritable droit de préférence opposable à tout tiers acquéreur ou créancier postérieur, une sorte de nantissement général sur tous les biens mobiliers ou immobiliers du failli, un droit réel, enfin ?

Si maintenant ce nantissement, ce droit réel n'est assujetti à aucune formalité, s'il existe par le fait même du jugement déclaratif, nous voici aussi bien dans les termes de l'art. 3 de la loi du 23 mars 1855 que s'il s'agissait d'un droit réel qui requiert pour sa plénitude une formalité de publicité, alors que cette formalité a été accomplie ; nous arrivons donc immédiatement à une conclusion qui n'est autre chose que l'énoncé de notre proposition, à savoir : que le droit réel constitué par le jugement déclaratif permet à ceux au profit desquels il a été établi, d'opposer le défaut de transcription à ceux qui ne l'ont faite qu'après le jugement déclaratif.

Mais ce droit n'est-il assujetti à aucune formalité ? C'est là que la troisième opinion nous arrête ; car elle prétend que le jugement déclaratif seul est insuffisant et qu'il faut pour que le droit créé par lui empêche les tiers de transcrire, qu'il ait été conservé par l'inscription que les syndics sont tenus de prendre, aux termes de l'art. 490 Code de com., sur les immeubles du failli dont ils connaissent l'existence.

D'après cette opinion les tiers pourraient encore conserver leurs droits de manière à pouvoir les opposer à la masse, par des transcriptions antérieures à l'inscription dont parle l'article 490 ; seule, cette inscription aurait la vert. d'en arrêter le cours (1).

Nous repoussons absolument cette idée. L'art. 490 Code Com., qu'on présente comme le mode de publicité du dessaisissement, n'a pas ce but. L'art. 517 nous indique clairement son sens. Voici le cas que ce dernier art. prévoit : Un concordat est intervenu entre le failli et ses créanciers, ils y ont con-

(1) Rivière et Huguet. *Questions sur la Transcription*, n°ˢ 189 et 200. Aubry et Rau, t. II.

senti moyennant la promesse d'un dividende qui devra leur
être payé, et, à la suite de cet arrangement, ils ont replacé leur
débiteur failli à la tête de ses affaires… Dès lors le dessaisis·
sement cesse, et les actes que fera le failli seront opposables à
tous ses créanciers ; les créanciers concordataires vont donc
subir le concours des créanciers postérieurs et aussi de tous
ceux envers qui il aura plu au failli de s'engager, sans fraude
pourtant, même après le jugement déclaratif ou depuis la cessation de ses paiements. Il n'y a plus, en effet, de masse, et
l'on ne peut plus dire : tel ou tel acte est nul relativement à la
masse.

Comment les sauver de cette situation ? En autorisant à leur
profit la prise d'une inscription d'hypothèque sur tous les
biens du failli, ce qui leur permettra de toucher leur dividende
par préférence à tous autres créanciers ; or c'est justement ce
que fait l'art. 490 al. 3; l'art. 517 le révèle manifestement dans
sa formule : « L'homologation du concordat conservera à chacun des créanciers sur les immeubles du failli l'hypothèque
inscrite en vertu du troisième paragraphe de l'art. 490. »

Par là on voit l'effet tout spécial de l'art. 490 ; l'inscription
qu'il permet n'est donc pas une formalité ayant pour but général de conserver le droit de préférence accordé à la masse
des créanciers de la faillite ; elle n'a ce but qu'au cas de concordat, elle ne pouvait pas l'avoir en dehors de ce cas, puisque déjà par suite du dessaisissement et jusqu'au concordat,
le failli ne peut faire des aliénations ni des constitutions de
droit réel opposables à la masse, et que, d'un autre côté, l'article 448 dit formellement que les hypothèques valablement
consenties par le failli ne peuvent plus être inscrites après le
jugement déclaratif.

Nous dirons au contraire que les transcriptions faites antérieurement au jugement déclaratif mais depuis la cessation
de paiements seront toujours valables quand même elles sui-
vraient de plus de quinze jours l'acte qu'elles rendent public ;

car on ne peut appliquer une présomption par analogie, pas plus celle sur laquelle est fondée l'art. 448 que toute autre.

C'est un principe que nous avons déjà invoqué, on s'en souvient, à propos de la signification des créances; il a la même force partout (1).

B. — Après ces discussions, nous pouvons tracer la portée *maximum* de l'art. 448 et dire : il contient une règle spéciale à l'inscription des priviléges et hypothèques, règle qu'il ne faut appliquer ni aux significations de cessions de créances, ni aux transcriptions exigées soit par l'art. 939 C. civil, soit par la loi du 23 mars 1855.

— Mais quelle en est la portée *minimum* ?

Ce sera là l'objet de la seconde partie de cette section.

SECONDE PARTIE. — **A.** Hypothèses qui sont en dehors de la question. Sa réduction définitive. — **B.** Comment elle se décompose. 1° L'art. 448 s'applique-t-il au privilége du vendeur d'immeubles? — Le vendeur déchu de son privilége a-t-il perdu l'action résolutoire ? 2° L'art. 448 s'applique-t-il aux créanciers qui sont encore dans le délai que la loi leur donne parfois pour inscrire leur privilége ou leur hypothèque ? — Applications.

A. — Ainsi nous avons à nous demander maintenant si l'article 448 s'appliquera à tous les priviléges et à toutes les hypothèques soumises à l'inscription. Auparavant, nous écarterons certaines hypothèses.

L'art. 448 s'occupe de la nullité des inscriptions. Il en résulte qu'il ne s'applique pas aux hypothèques qui en sont dispensées.

Conséquemment, il ne s'applique pas aux hypothèques des femmes, des mineurs ou interdits, car elles existent indépendemment de l'inscription pour toute la durée du mariage, de l'interdiction, de la tutelle.

(1) Bourges, 9 août 1847.

Aux priviléges de l'art. 2101 qui sont dispensés d'inscription au moins au point de vue du droit de préférence, ce qui est suffisant ici puisque entre le créancier privilégié et la masse il n'y a qu'une question de préférence à régler.

Nous déciderons aussi qu'il ne s'applique pas davantage aux renouvellement d'inscription dont parle l'art. 2154. Le créancier qui renouvelle son inscription dans les dix ans, n'a, en effet, commis aucune négligence; par conséquent, le fondement des dispositions de l'art. 448 manque, d'autant plus que l'idée de fraude, l'idée de collusion ne se conçoivent plus, puisque nous sommes en présence d'hypothèques qui avaient déjà leur plein et entier effet et qu'on a cherché simplement à conserver telles qu'elles étaient.

Ces raisons nous conduisent à dire que le renouvellement peut être opéré non-seulement depuis que le propriétaire de l'immeuble frappé de l'hypothèque a cessé ses paiements et dans les dix jours précédents, mais aussi depuis le jugement même qui l'a déclaré en faillite (1).

Notre question se réduit donc à rechercher : si l'art. 448 s'appliquera dans tous les cas où il s'agira d'une hypothèque ou d'un privilége pour l'exercice duquel l'inscription est indispensable, alors que cette inscription n'a jamais été prise, est à prendre *pour la première fois* ; s'il faut dire que dans tous les cas et pour tous ces priviléges et hypothèques la publicité ne pourra jamais être utilement donnée après la faillite de celui dont les biens sont grevés.

B. — Cette difficulté se décompose de la manière suivante :

1° L'art. 448 s'applique-t-il au cas où la loi a déterminé pour un privilége spécial (celui du vendeur d'immeubles non payé) un autre mode de publicité que l'inscription, et lui permet-il encore d'employer ce mode, alors qu'il n'aurait plus le pouvoir de prendre une inscription valable ;

(1) Demangeat sur Brevard, t. V, p. 288, note. — Mourlon. *Transcription*, t. II, nᵒˢ 658, 893.

2° S'applique-t-il, quand la loi en subordonnant la conservation d'un droit à certaines formalités, a déterminé en même temps un délai pour se conformer à ses dispositions, et que la faillite du débiteur est survenue avant l'accomplissement de cette formalité et avant l'expiration de ce délai ?

— 1° S'applique-t-il au privilége du vendeur ?

Entrons d'une manière très-rapide dans quelques détails sur la cause et le mode de conservation de ce privilége.

Celui qui vend un immeuble consent bien à le faire entrer dans le patrimoine de l'acquéreur mais avec cette réserve que l'immeuble répondra *réellement* du paiement du prix. Aussi si l'acheteur ne paie pas ce prix, le vendeur pourra saisir l'immeuble, le faire vendre, et toucher sur le prix d'adjudication ce qui lui est dû, par préférence à tous les créanciers du saisi. Quoi de plus juste, en effet, que la créance qui est cause de l'existence de tel bien dans le patrimoine du débiteur soit payée sur ce bien de préférence aux autres créances !

Ainsi le vendeur, en transmettant son immeuble à l'acheteur *retient* un privilége sur cet immeuble et ne consent à la translation de la propriété que sous cette réserve.

Il en résulte que du jour du contrat de vente, le privilége existe déjà (1), car de ce jour et dès avant toute mesure de publicité destinée à porter la translation de propriété à la connaissance des tiers, la propriété a été transférée à l'acheteur, au moins à l'égard du vendeur.

La loi décide que ce privilége du vendeur devra être rendu public ; elle indique même pour lui deux moyens de publicité, ce sera une inscription ou encore (aux termes de l'art. 2108), la transcription de l'acte de vente. Le dernier de ces deux modes de publicité est tout spécial au privilége du vendeur au profit duquel il remplace l'inscription elle-même. On eût fait

(1) La conséquence est que ce privilége pourrait être inscrit même avant la transcription de l'acte de vente.

en réalité une sorte de double emploi en exigeant encore l'inscription après que la transcription a été opérée, car par l'acte de vente que l'on transcrit littéralement, les tiers apprendront suffisamment tout ce qu'il leur importe de savoir, c'est-à-dire quelles sont les conditions de la vente ; si le prix est encore dû en tout ou en partie, si, par conséquent, il existe ou non un privilége du vendeur sur cet immeuble. Ainsi dans le cas qui nous occupe, la faveur de la loi consiste dans l'admission d'un mode nouveau de publicité, à savoir : la transcription de l'acte de vente, et non dans la concession d'un délai précis pour s'inscrire, tel, par exemple, que celui qui est accordé au co-partageant (art. 2108 et art. 2109).

La règle générale est donc que le vendeur a pu donner publicité à son privilége au bout d'un temps quelconque à partir de la vente. Pourvu que le privilége se révèle au moment de la transcription qui porte la vente à la connaissance du public, la transcription n'eût-elle été opérée que vingt ans après la vente, il primera encore tous les droits de privilége ou d'hypothèque nés du chef de l'acheteur. Le vendeur tant que la transcription n'a pas été effectuée, demeure propriétaire vis-à-vis des tiers qui pourront, en publiant les droits qu'il leur aurait concédés avant que l'acheteur ait transcrit, opposer ces droits à ce dernier et à ses ayants-cause, fût-ce des créanciers hypothécaires inscrits : or, dans une hypothèse analogue, l'acheteur et ses créanciers devront supporter le privilége du vendeur, le jour où il lui plaira de le faire apparaître au moyen d'une inscription ou d'une transcription de son contrat portant qu'il n'est pas payé.

Faut-il dire qu'il y a en matière de faillite, une exception à cette théorie, et que l'article 448 est applicable à tout mode de conservation du privilége du vendeur ? En d'autres termes, faut-il dire que le jugement déclaratif ferme le délai pendant lequel le privilége du vendeur peut être utilement rendu public à l'encontre des créanciers de la masse de l'acquéreur failli ?

Les raisons que nous allons exposer nous ont portés à adopter l'affirmative.

Le vendeur ne peut échapper à la prohibition de l'art. 448 qui parle des droits de privilége et d'hypothèque en général, à la faveur de cette circonstance qu'il ne s'agit dans cet article que d'inscription, tandis que son privilége se conserve aussi par la transcription, car, d'une part, on ne comprendrait pas que la substitution d'un mode de publicité à un autre, suffit pour soustraire le vendeur à une déchéance qui s'applique à l'absence de publicité ; d'autre part, la loi nous éclaire sur la valeur de la transcription, en nous disant que la transcription de l'acte de vente vaut inscription au profit du vendeur ; or après le jugement déclaratif, l'inscription du privilége est impossible, la transcription qui ne peut avoir plus d'effet qu'elle, est donc impossible aussi après cette époque (1).

Mais, objecte-t-on, depuis la loi du 23 mars 1855 art. 3, à l'égard des tiers, le vendeur reste propriétaire jusqu'à la transcription, or de ce chef il a plus qu'un privilége, il a gardé la propriété ; la faillite de l'acheteur est donc pour lui un fait indifférent, car s'il y a eu transcription avant la faillite il aura un privilége ; s'il n'y a pas eu transcription, il est resté propriétaire et il aura une action en revendication contre la masse (2).

Pour démontrer l'impuissance de ce raisonnement, il suffit de faire cette simple remarque : que ce n'est pas d'une manière absolue que le vendeur dont le contrat n'est pas transcrit reste propriétaire, *que ce n'est que pour ceux qui traiteront avec lui ou acquerront de son chef des droits sur le bien vendu* (loi de 1855 art. 3) ; mais à l'égard de l'acheteur, il est constant que le vendeur est déchu de la propriété, les art. 1138 et 1583 le démontrent énergiquement. Comment dès lors,

(1) Valette et Rataud à leurs cours. — Demangeat, t. V, p. 290. — Mourlon. *Transcription*, t. II, n° 643 et suiv. — Civ. rej. 2 déc. 1863, Alger, 19 mai 1865.

(2) Pont. *Priv. et hyp.* n° 261 et suiv.

le vendeur pourrait-il revendiquer contre l'acheteur et les créanciers de celui-ci ? Surabondamment on peut rappeler que la loi de 1855 a eu pour but d'étendre l'obligation de la publicité, de supprimer les priviléges et hypothèques occultes, de restreindre les avantages dont jouissait précédemment le vendeur, et n'a certainement pas voulu, pour atteindre ce résultat, lui laisser la propriété elle-même qu'il n'avait pas dans la législation antérieure !

La solution que nous avons adoptée ne sera pas modifiée par le fait que les syndics de la faillite, pour se conformer à l'alinéa 1° de l'art. 490 C. de com., auraient fait transcrire la vente au nom du failli après le jugement déclaratif. Il est vrai que cette transcription rendra le droit du failli opposable aux tiers qui postérieurement à la vente traiteraient avec le vendeur ou ses héritiers, mais c'est là tout ce qu'elle peut produire et elle ne saurait valoir inscription du privilége du vendeur. Il est, en effet, impossible de dire que les effets de la transcription sont indivisibles. Sans doute d'habitude ils se produisent en même temps, mais il n'en faut pas conclure qu'ils ne peuvent exister l'un sans l'autre. La vérité est : « qu'ils ont chacun une raison d'être et un but différents et restent soumis à des règles propres ; qu'ainsi, la transcription ne faisant que constater la vente à l'égard des tiers, il n'y a nul motif d'imposer une limite à l'acheteur pour remplir cette formalité, puisque son seul intérêt est en cause ; qu'au contraire, cet acte étant pour le vendeur une mesure conservatoire pouvant intéresser des tiers, elle doit, comme toutes les mesures de cette nature, avoir lieu dans certains cas avant certains événements (1). »

Ces effets peuvent si bien se manifester séparément que lorsque, par exemple, l'acte transcrit porte que le prix est payé, la transcription qui cependant a rendu l'acheteur pro-

(1) Jugement du 17 mars 1859. Tribunal civil de Bar-le Duc et Cour de Nancy. (Considérants).

priétaire *erga omnes,* n'a pas pour cela conservé le privilége, car il n'y a pas de privilége sans créance (1).

— La conséquence de cette idée que la transcription vaut inscription à l'égard du vendeur est donc que l'art. 448 est applicable dans toutes ses parties à l'une comme à l'autre formalité. Aussi nous dirons par application de l'art. 448, al. 1er, que si la transcription (ou l'inscription) intervenue depuis la cessation de paiements ou dans les dix jours qui précèdent est postérieure de plus de quinze jours à l'acte de vente, les tribunaux pourront déclarer qu'elle sera considérée comme non avenue à l'égard de la masse des créanciers.

La question que nous venons de résoudre présente aujourd'hui, depuis la loi du 23 mars 1855, un intérêt particulier.

Jusqu'à cette loi, quand le vendeur avait perdu son privilége, il pouvait exercer l'action résolutoire. Conséquemment, comme il était toujours assuré de reprendre sa chose à défaut de paiement, la publicité du privilége n'avait qu'une vaine sanction. De là certains tribunaux (2), trouvant qu'il n'y avait aucun intérêt pour les créanciers en concours avec le vendeur, à écarter celui-ci comme créancier privilégié, avaient décidé tout simplement qu'il fallait l'admettre à se présenter comme tel.

L'art. 7 de la loi de 1855 a fait cesser cette situation. Il *solidarise* le sort de l'action résolutoire avec celui du privilége, en ces termes : « L'action résolutoire établie par l'art. 1654 du Code Napoléon, ne peut être exercée après l'extinction du privilége du vendeur, au préjudice des tiers qui ont acquis des droits sur l'immeuble du chef de l'acquéreur et qui se sont conformés aux lois pour les conserver. »

(1) La discussion n'est pas encore épuisée et nous la retrouverons lorsque nous nous demanderons si le vendeur qui s'est inscrit dans les quarante-cinq jours de l'acte de vente, a conservé son privilége nonobstant la faillite de l'acheteur survenue avant l'expiration de ce délai.

(2) Cour de Lyon, 20 mai 1828.

Ainsi chaque fois que le vendeur aura perdu son privilége, il semble bien, d'après cet article, qu'on sera autorisé à dire : l'action résolutoire est aussi éteinte.

Mais ce principe ne reçoit-il pas une dérogation en matière de faillite, et le vendeur qui ne peut plus exercer son privilége à l'encontre de la faillite de l'acheteur parce qu'il ne s'est pas inscrit ou n'a pas transcrit au temps voulu, n'a-t-il pas en dernière ressource le droit de demander la résolution de la vente en invoquant l'art. 1654 C. civil ?

Si l'on adopte l'affirmative, le vendeur n'aura guère à souffrir de la perte de son privilége et, au contraire, il pourra y gagner, car dans le cas, par exemple, où l'immeuble aura augmenté de valeur, si la masse n'en paie pas immédiatement le prix, elle sera contrainte de le restituer tel qu'il se trouve, tandis que l'exercice du privilége ne permettrait au vendeur de prendre sur le prix d'adjudication de l'immeuble que ce qui lui est dû, le surplus restant dans la caisse de la faillite.

Cette question a donné lieu à plusieurs systèmes ; on n'en compte pas moins de trois.

1er Système. — Un premier système reconnaît bien que la faillite de l'acheteur fait déchoir le vendeur dont le titre n'a été ni inscrit ni transcrit, de son privilége au regard de la masse, mais il prétend que le vendeur conserve intacte son action en résolution tant que l'inscription établie par l'art. 490 du Code de Com. n'a pas été opérée. Ce n'est, dit-il, qu'à cette époque que les créanciers chirographaires du failli cesseront d'avoir cette qualité de chirographaires et acquerront un droit réel qui les fera passer dans la catégorie des tiers et les habilitera, à ce titre, à se prévaloir de l'extinction de l'action en résolution (1).

Nous avons assez longuement démontré plus haut que s'il y

(1) Riom, 1er juin 1859. — Rivière et Huguet. *Transcription,* nos 374 et 375.

a un droit réel, il ne résulte pas de l'art. 490, pour avoir le droit de repousser immédiatemment et sans plus ample examen cette première opinion.

Restent donc deux théories en présence, elles sont absolument opposées.

2e Système. — La première de ces deux théories n'hésite pas à proclamer que, dans l'hypothèse qui nous occupe, l'action en résolution survit au privilége du vendeur. La Cour de Cassation dans un arrêt du 1er mai 1860 (chambre civile), conclut en ce sens, par le raisonnement suivant :

Il est vrai, dit-elle, que l'action en résolution cesse d'exister quand le privilége est éteint, mais encore faut-il qu'il le soit d'une manière absolue, car l'art. 7 de la loi de 1855 prononçant une déchéance rigoureuse et une déchéance qui frappe un créancier généralement favorisé, doit être interprété restrictivement ; or il exige que le privilége soit *éteint*. Si donc, au lieu d'être éteint, le privilége n'est que paralysé, n'est que circonscrit dans ses effets, s'il est susceptible de revivre ; on doit dire que l'action en résolution subsiste encore. Eh bien ! d'un côté il n'est inexistant qu'à l'égard de la masse, et d'autre part, on ne peut dire que même vis-à-vis d'elle, il est anéanti ; la preuve c'est qu'il pourra renaître si les créanciers du failli lui accordent un concordat (1).

Mais cette manière de raisonner implique une contradiction manifeste de la part de la Cour de Cassation. Car aussitôt après avoir constaté que le privilége est incapable de produire le moindre effet en ce qui concerne la masse, au lieu d'être conséquente et de tenir en suspens, tant que le privilége est paralysé, l'action en résolution elle-même, elle admet la survivance de cette action dont l'existence est certainement, depuis la loi de 1855, le plus grave des effets de la conservation du privilége. Supprimant les autres effets, elle conserve celui-là. Pourquoi donc ne pas les supprimer tous ?

(1) Dijon, 10 juin 1864.

— Tout en délaissant les motifs sur lesquels la Cour de Cassation a appuyé sa solution, on cherche à la maintenir en la fondant sur des arguments différents. La nouvelle manière d'établir le système concède bien que le privilége est éteint quand il n'y a eu ni transcription ni inscription avant le jugement déclaratif, mais, dit-elle, l'action en résolution ne subit pas le même sort car elle ne périt avec lui, aux termes de l'art. 7 (loi du 23 mars 1855) lui-même, que quand on se trouve en face *de tiers qui ont acquis des droits sur l'immeuble du chef de l'acquéreur et qui se sont conformés aux lois pour les conserver.* Autrement dit, l'art. 7 subordonne la perte de l'action résolutoire à trois conditions : Extinction du privilége du vendeur ; acquisition d'un droit du chef de l'acquéreur sur le bien vendu ; accomplissement des formalités prescrites pour la conservation de ce droit. Or, le privilége est bien éteint, mais la masse de la faillite ne doit pas être considérée à l'encontre du vendeur comme ayant acquis un droit sur le bien vendu ; avant comme après le jugement déclaratif, les créanciers chirographaires restent chirographaires, ils n'ont acquis et n'ont pu conserver aucun droit dans l'immeuble. Du reste, ajoute-t-on, fallût-il admettre, en dernière analyse, l'existence de ce droit, il faudrait reconnaitre qu'il n'affecte les biens actuels du failli qu'en l'état où ils sont dans son patrimoine, conséquemment qu'il ne porte sur l'immeuble vendu que sous la réserve de l'action en résolution du vendeur, c'est-à-dire que quant à leurs rapports avec ce dernier, les créanciers demeurent dans leur condition originaire de créanciers chirographaires et ne sont pas dès lors régis par le principe nouveau déposé dans l'art. 7 de la loi du 23 mars 1855 (1)

3ᵉ Système. — Ces arguments ne nous touchent point et

(1) Bravard et Demangeat, t. V, p 292. — Mourlon, *Transcription*, n° 812. — Aubry et Rau, t. II, p. 802, note. — Bordeaux, 15 juillet 1857.

nous nous rangeons à une opinion complètement opposée à celle que nous venons d'exposer. Nous formulons ainsi notre pensée : « Le vendeur qui a perdu son privilége faute de l'avoir inscrit ou d'avoir transcrit l'acte de vente avant le jugement déclaratif de la faillite de son acheteur, perd toutes ses prérogatives, son action en résolution, comme et avec son privilége. »

Nous avons établi précédemment que dès le jour de la faillite déclarée de l'acheteur, ses créanciers acquièrent un droit réel, une sorte de saisine sur l'ensemble de son patrimoine et par conséquent sur l'immeuble vendu. Nous avons également prouvé que la conservation de ce droit réel est indépendante de toute condition de publicité, que dès qu'il est né, il existe conservé, et est à ce titre opposable aux tiers. Ces démonstrations sur lesquelles nous ne reviendrons pas, ruinent complètement la première affirmation de la théorie que nous combattons, et nous l'abordons au moment où, forcée de nous concéder que les créanciers chirographaires ont acquis un droit réel sur les biens du failli, elle fait à sa concession cette réserve : que ce droit ne portant sur les biens du failli que tels qu'ils se trouvent à l'instant où il les frappe, les créanciers de la faillite doivent subir la condition résolutoire comme, en général, les charges dont ils sont grevés.

Une semblable affirmation méconnaît certainement la pensée du législateur. Qu'a-t-il voulu, en effet? Il a voulu que deux droits tendant à peu près au même but fussent soumis à un même mode de conservation ; il a voulu qu'alors qu'il enlevait l'un de ces droits au vendeur, celui-ci ne pût pas obtenir par l'autre tout ce que l'exercice du premier lui aurait permis d'atteindre ; il a voulu enfin une sanction efficace aux règles qu'il a tracées sur la publicité, et conséquemment il a entendu que l'action résolutoire serait toujours éteinte lorsque le privilége aurait cessé d'exister. Or, comme le vendeur dans notre hypothèse ne peut plus opposer son privilége aux créanciers du failli, il demandera vainement la résolution de la vente 1).

Nous pouvons ajouter à cette idée quelques observations : 1° L'art. 7 de la loi du 23 mars 1855 qui règle l'union du sort des deux droits dont nous venons de parler est indépendant de l'art. 8 de cette même loi ; en effet, il ne fait nullement varier les conditions d'exercice de l'action résolutoire selon que la vente est transcrite ou ne l'a pas été. Tout ce qu'il exige pour que l'action résolutoire puisse s'exercer, c'est que le privilège ait été conservé, c'est qu'il existe encore. L'art. 7 est donc complet, il se suffit à lui même et ne peut être modifié par ce fait que la vente a été ou non transcrite.

En second lieu, le mot « tiers » dans l'art. 7 a un sens spécial ; ainsi, il n'est pas douteux qu'en thèse générale, les créanciers même hypothécaires de l'acquéreur ne sont comme lui que les ayants-cause du vendeur et que les droits et actions de celui-ci leur sont opposables comme à l'acquéreur lui-même. Mais ce serait enlever toute portée à l'art. 7 que de le déclarer inapplicable à ceux qui tiennent leurs droits de l'acquéreur, sous le prétexte qu'ils ne sont pas des tiers. Les termes mêmes de l'art. 7 résistent énergiquement à cette interprétation, puisqu'ils appellent tiers ceux qui ont acquis des droits sur l'immeuble du chef de l'acquéreur. Or si nous admettons, et il le faut bien, que ceux qui ont acquis du chef de l'acheteur des droits réels sur l'immeuble vendu et les ont dûment conservés, ne sont pas soumis à l'action en résolution, il faudra en dire autant des créanciers chirographaires du failli après le jugement déclaratif, car ils ont acquis par l'effet de ce jugement, un droit réel *dûment conservé* sur tous les biens de leur débiteur, conséquemment sur l'immeuble vendu, ce qui les met dans une situation analogue à celle des tiers dont parle l'art. 7.

(1) Rataud à son cours. — Troplong. *Transcription*, n°s 295 et 296. — Sellier. *Transcription*, n° 239. — Flandrin. *Transcription*, II, 1188 à 1199.

Nous concluons donc en disant : que les créanciers chirographaires d'un failli, s'appuyant sur le droit réel qu'ils acquièrent du jour du jugement déclaratif et qui leur permet d'échapper à l'exercice du privilége non inscrit du vendeur lui-même, sont en dehors des atteintes de l'action en résolution.

— 2· L'art. 448 s'applique-t-il aux créanciers qui sont encore dans le délai que la loi leur donne parfois pour inscrire leur privilége ou hypothèque ? (Applications.)

Avant d'aborder la discussion générale de cette difficulté, nous écarterons de la question une hypothèse à laquelle il nous semble hors de doute que l'art. 448 ne s'applique pas. Nous voulons parler de l'hypothèque accordée par la loi dans l'art. 2121 du Code civil, aux femmes mariées, mineurs et interdits.

Aux termes de l'art. 8 de la loi du 23 mars 1855, « Si la veuve, le mineur devenu majeur, l'interdit relevé de l'interdiction, leurs héritiers ou ayants-cause n'ont pas pris inscription dans l'année qui suit la dissolution du mariage ou la cessation de la tutelle, leur hypothèque ne date, à l'égard des tiers, que du jour des inscriptions prises ultérieurement. »

Faut-il dire que l'inscription prise aux termes de cet article et dans le délai qu'il fixe, mais après le jugement qui déclare le débiteur en faillite, tombera sous le coup de la nullité de l'art. 448 ?

Nous pensons qu'une telle proposition est inacceptable ; la raison en est que la personne à qui appartient l'hypothèque légale est absolument dans la même situation qu'un créancier qui se serait inscrit, mais de qui l'inscription, pour ne pas tomber en péremption, devrait être renouvelée avant l'expiration de l'année qui suit la fin de la tutelle ou la dissolution du mariage. Notre solution est donc la même, au cas qui nous occupe, qu'elle a été lorsque nous avons parlé du renouvellement (1).

Ce point écarté, nous revenons à notre question générale.

Deux systèmes sont en présence :

1re Opinion. — Le premier système qui adopte l'affirmative, raisonne ainsi : Le texte de la loi est formel, dit-il (art. 448, al. 1er, C de Com.), et il est impossible de nier que le législateur l'a écrit à un moment où les priviléges et hypothèques dont nous parlons existaient déjà, où ils étaient déjà soumis à la formalité de l'inscription, d'où l'on peut conclure qu'il les a visés par sa disposition.

Passons maintenant en revue plusieurs hypothèses :

— Aux termes de l'art. 2109, le copartageant créancier d'une soulte, qui s'est inscrit dans les soixante jours du partage, n'a pas à craindre d'être primé par aucune hypothèque constituée par le copartageant débiteur de la soulte sur les biens mis en son lot.

D'autre part, la loi du 23 mars 1855, al. 6, 2' dispose que quand le copartageant créancier de la soulte se sera inscrit dans les quarante-cinq jours du partage, on ne pourra pas lui opposer une transcription antérieure.

Mais si le copartageant débiteur de la soulte tombe en faillite avant l'expiration de ces délais, le privilége sera-t-il perdu, s'il n'a pas été inscrit auparavant, ou faut-il dire que la faillite est sans effet sur son existence, tant qu'ils ne sont pas expirés ?

Il résulte des articles 2109 et 2113 combinés que le copartageant créancier de la soulte, s'il inscrit dans les soixante jours du partage, inscrit un privilége, s'il n'inscrit qu'après ce délai, il inscrit seulement une hypothèque qui n'aura d'effet qu'à sa date d'inscription.

C'est-à-dire que la diligence du copartageant à s'inscrire nuira aux seuls créanciers hypothécaires du débiteur ; eux

____

(1) Demangeat et Bravard, tome V, p. 288, note.

17

seuls ont intérêt à voir cette inscription ne s'effectuer que trop tard.

Mais pour la masse, que lui importe que ce copartageant ait une hypothèque ou un privilége ? L'article 448 C. de Com. ne s'oppose-t-il pas aussi bien à l'inscription des priviléges qu'à celle des hypothèques ?

Voilà donc la 1re partie de la question vidée et le copartageant sera repoussé (1).

Qu'en est-il lorsque le copartageant se trouvant encore dans les quarante-cinq jours qui suivent le partage, et n'ayant pas encore inscrit, son débiteur vient à tomber en faillite.

Tel est le deuxième point à discuter. La situation est la même pour le vendeur. Faut-il dire que le vendeur qui s'est inscrit dans les quarante-cinq jours de l'acte de vente, et à qui, conséquemment, on ne peut opposer aucune transcription antérieure du chef de l'acheteur (art. 6, al. 2), a conservé son privilége nonobstant la faillite de ce dernier ?

Notre premier système affirme que même dans ce cas le privilége du vendeur ou du copartageant ne sera pas opposable à la masse de la faillite.

Cette assertion peut paraître étrange à première vue ; il semble, en effet, que le droit de la masse ne peut être plus énergique que le droit de propriété lui-même ; et cependant dit-on, on ne tient pas compte du droit de l'acquéreur, ce droit fût-il transcrit, tant qu'il ne s'est pas écoulé quarante-cinq jours depuis la vente.

A cela on répond que : outre que l'article 448 déclare nulle sans distinction toute inscription de privilége postérieure à la faillite, il est notoire que le but des rédacteurs de la loi du 23 mars 1855 n'a pas été de garantir le copartageant, ni le vendeur, de l'éventualité d'une faillite ; ils ont voulu simplement le proté-

---

(1) Bravard et Demangeat, tome V, p. 280, note — Mourlon. Transcription, t. II, n° 681.

ger, soit contre une revente immédiate suivie de transcription,
soit contre une constitution de droits consentie aussitôt après
le partage ou la vente et transcrite ou inscrite sans retard (1).

— Aux termes de l'art. 2111 : « Les créanciers et légataires
qui demandent la séparation du patrimoine du défunt, conformément à l'art. 878 au titre des successions, conservent à
l'égard des créanciers des héritiers ou représentants du défunt,
leur privilége sur les immeubles de la succession, par les inscriptions faites sur chacun de ces biens, dans les six mois à
compter de l'ouverture de la succession. »

Avant l'expiration de ce délai, aucune hypothèque ne peut
être établie avec effet sur ces biens par les héritiers ou représentants au préjudice de ces créanciers ou légataires. »

Dirons-nous que la faillite 2, une fois déclarée, les créanciers et légataires ne pourront plus s'inscrire utilement ?

Si l'on admet que la séparation des patrimoines constitue
un droit de préférence *sui generis* et non pas un privilége,
on en conclura que ce droit échappe aux déchéances édictées
par l'article 448 contre les priviléges proprement dits.

Si l'on admet, au contraire, que nous sommes ici en face
d'un véritable privilége, on sera tenté de donner une solution
inverse.

Mais si la masse parvenait à faire annuler l'inscription prise
dans les conditions que nous avons déterminées plus haut, en
réalité, elle n'y gagnerait rien ; car les immeubles étant ven-

(1) Mourlon, *Examen critique*, n° 379. — Rivière et Huguet, n° 370-
371.

Au surplus, l'inscription prise par le vendeur dans les 45 jours de la
vente, pendant la faillite de l'acheteur, non point sur ce dernier, mais sur
un tiers acquéreur de l'immeuble vendu, conservera très bien le privilége
du vendeur, sous la réserve que cette inscription ne nuira point aux
autres créanciers de la faillite. Mourlon. *Transcription*, t. II, n° 655 et
suiv.

(2) Ce peut être la faillite du défunt, déclarée après son décès, ou celle
de l'héritier.

dus et convertis en valeur mobilière, les créanciers du défunt auraient le droit de se faire payer sur ces valeurs par préférence à tous autres (1).

Aucune difficulté ne peut s'élever si l'héritier est déjà en faillite déclarée quand la succession lui arrive.

En effet, après le jugement déclaratif, le passif du failli est irrévocablement arrêté, et rien ne peut l'augmenter.

Dès lors les syndics ne pourront accepter la succession échue au failli que sous bénéfice d'inventaire, or dans ce cas, les créanciers de la succession n'ont aucun intérêt à demander la séparation, puisque par l'acceptation bénéficiaire on a renoncé à toucher l'actif jusqu'à ce qu'ils soient désintéressés.

— Jusqu'ici ce système a toujours supposé un créancier qui voudrait s'inscrire malgré une faillite déclarée de son débiteur en prétendant qu'il se trouve encore dans les délais légaux pour prendre inscription.

Qu'en est-il lorsqu'il s'est inscrit avant le jugement déclaratif? L'inscription intervenue après la cessation de paiements pourra-t-elle être annulée lorsqu'il se sera écoulé plus de quinze jours entre elle et la constitution du droit qu'elle a pour but de conserver.

Il faut distinguer :

En ce qui concerne l'inscription de l'hypothèque des incapables dont nous avons parlé à part, il est certain que nous ne pouvons admettre l'affirmative. Puisqu'elle est valable lorsqu'elle est effectuée après le jugement déclaratif pourvu qu'elle ait eu lieu dans le délai d'un an fixé par l'art 8 de la loi de 1855, elle doit l'être par un *a fortiori* manifeste, quand elle est prise avant ce jugement.

Tout le monde est d'accord sur ce point.

Pour les autres cas que nous avons examinés on reconnait qu'il sera difficile de considérer comme négligent le créancier

(1) Demangeat sur Bravard, t. V, p. 289. Note.— Paris 22 Juin 1841. — Aubry et Rau, t. V, p. 221.

qui s'est inscrit dans le délai que la loi lui avait donné pour cela, n'eût-il rempli cette formalité que le dernier jour de ce délai.

Mais, ajoute-t-on, cette considération ne doit pas amener à dire que la règle posée par le 2° al. de l'art. 448 ne s'applique plus ici ; le pouvoir appréciateur du tribunal subsiste toujours, et il pourra *toujours* déclarer l'inscription nulle, sans qu'on puisse lui reprocher d'être sorti des termes de la loi.

Telle est l'ensemble de la théorie que nous allons combattre

2ᵉ opinion. — Nous croyons que les articles 2146 et 448 du Code de commerce ne s'opposent pas à ce que les priviléges pour l'inscription desquels la loi a accordé un délai, soient inscrits utilement tant que dure ce délai.

La loi, en effet, en accordant un certain temps pour l'inscription d'un droit, garantit par cela même que ce droit sera efficace, s'il est rendu public avant l'expiration de ce temps.

Spécialement l'on ne comprendrait pas comment la faillite du débiteur pourrait porter atteinte à ce principe

Car les raisons qui ont fait accorder ces délais dont nous parlons, ont toujours la même puissance que la faillite survienne ou ne survienne pas.

En ce qui concerne le privilége du copartageant, par exemple, comment pourrait-on justifier l'effet qu'on veut attribuer à la faillite ?

Le partage n'est-il pas un acte nécessaire qui exclut par conséquent tout soupçon de fraude ?

D'autre part la brièveté du délai accordé pour requérir l'inscription destinée à garantir le privilége auquel le partage donne lieu, n'écarte-t-elle pas toute idée de négligence de la part du créancier ? (1)

En ce qui concerne le privilége du vendeur, nous avons admis plus haut que la faillite de l'acquéreur enlève au ven-

(1) Aubry et Rau, t. II, p. 807.

deur, comme aux simples créanciers hypothécaires, à partir du jugement déclaratif, la faculté de rendre son privilége efficace à l'égard des créanciers de la masse.

Mais la loi de 1855, art. 6, nous contraint de concéder que si la faillite éclate immédiatement après la vente, le vendeur jouira néanmoins du délai de quarante-cinq jours pour la conservation de son privilége.

La raison en est simple, car on ne peut évidemment accorder au dessaisissement un effet qu'on refuse à l'attribution même de la propriété. Or l'article 6 de la loi de 1855 édicte que la transmission régulière de la propriété (une revente du chef de l'acheteur suivie de transcription) n'empêche pas le vendeur d'inscrire valablement son privilége s'il est encore dans les quarante-cinq jours qui suivent l'acte de vente.

Dès lors la conclusion est facile, et en nous appuyant une fois encore sur cette considération que les délais accordés par la loi en matière d'inscription de privilége sont fondés sur des motifs de faveur que la faillite n'éteint pas, nous arrivons aisément à justifier cette conséquence de notre système.

— Nous ne reviendrons pas longuement, sur le bénéfice de la séparation des patrimoines, nous ferons seulement cette remarque, que dans notre théorie, alors même qu'on déciderait qu'il constitue un véritable privilége, il échapperait encore aux déchéances rigoureuses de l'art. 448.

— En définitive, si l'article 448 a employé une formule générale, cela se conçoit très-bien, car il a voulu consacrer une idée générale.

Cette idée, la voici : Il ne faut pas qu'il soit possible, pas plus au moyen d'une inscription de *privilége*, qu'au moyen d'une inscription d'hypothèque, que le créancier puisse colluder avec son débiteur, au détriment de la masse.

D'un autre côté, on ne peut pas, à l'encontre des droits que le dessaisissement confère à cette masse, restituer contre sa négligence, un créancier qui n'a pas inscrit, soit *son privilége*, soit son hypothèque avant le jugement déclaratif.

Mais quand la loi pose en présomption, en donnant, dans certains cas, des délais pour l'inscription, qu'il n'y aura ni fraude ni négligence si l'on s'inscrit dans ces délais, il devient inconséquent de persister à appliquer une disposition qui ne retrouve plus, dans ces hypothèses, son fondement et sa raison d'être.

TABLE DES MATIÈRES

DROIT FRANÇAIS.

Des effets du jugement déclaratif de faillite
et de la cessation de paiements.

Nancy, imprimerie de N. Collin, rue de Guise, 21.

www.ingramcontent.com/pod-product-compliance
Ingram Content Group UK Ltd.
Pitfield, Milton Keynes, MK11 3LW, UK
UKHW021113220726
13924UKWH00004B/1683